Inge Meidinger-Geise

Rückflug

Neue Prosa

Junge & Sohn Erlangen

CIP-Kurztitelaufnahme der Deutschen Bibliothek

Meidinger-Geise, Inge:
Rückflug : neue Prosa /
Inge Meidinger-Geise. -
Erlangen : Junge, 1999

ISBN 3-87388-034-2

Gesetzt aus der Sabon Roman
Druck: Universitätsdruckerei Junge & Sohn Erlangen

INHALT

I.

II.

I.

Verlaufen

„Schon wieder Leiser," sagt mein Mann und es ist ein spöttisches Staunen in seiner Stimme, „soviele Leiser Schuhgeschäfte kann es doch in diesem Viertel selbst nicht geben."

Ich stehe vor den Auslagen und antworte nicht. Um uns ist der übliche Nachmittagstrubel, Menschengedränge und Hupen und Quietschen der Autos, keine gute Luft. Mir tut das Herz weh. Ich lehne mich an meinen Mann, der höflich die teuren Schuhe betrachtet und tief atmet. Er tritt einen Schritt zurück und sagt: „Ich frage jetzt. Da hören sie gleich, ich bin nicht von hier, mit meinem süddeutschen ‚a'. Da bist du nicht blamiert..." Er lächelt und geht auf einen älteren Herren zu. Ich will nicht hören, was da geredet wird. Ich stehe zu den Auslagen gewandt und sehe mich gespiegelt, eine jüngere Frau, um ein bißchen zu gepflegt gekleidet für diesen Nachmittag mitten in der Woche. Aber bei zwei Tanten in führender Berliner Konfektion war das so, seit ich denken kann, schon als Schülerin ging es mir ähnlich. Und in der Jungmädelkluft, wie man das nannte, kam ich mir immer verkleidet vor – „pflichtverkleidet", nannte das meine Familie, die sich am Abend des „Reichsjugendtags", des Sonnabends, an dem wir „Dienst" hatten, immer erzählen ließ, wo wir singend durch die Straßen gezogen waren. Vor gut zwanzig Jahren war ich das letzte Mal Unter den Linden und ließ mich an der Universität umschreiben, fuhr zurück zu meinem Onkel nach Süddeutschland, blieb dort, machte Examen, heiratete, knüpfte in Nürnberg erste Verlagsverbindungen, bezog mit meinem Mann das erbaute Haus. Jetzt steht hier in Berlin seit einem Jahr die Mauer. Friedrichshagen kann ich nicht besuchen, der Müggelsee ist für mich ferner als das Tote Meer.

Mein Mann fühlt sich wohl hier, er hat keine Erinnerungen. Er muß nicht vergleichen. Die Altberliner Wohnung des Onkels in dem unzerstörten Gründerzeithaus findet er großartig, vor allem den elfmeterlangen Flur, wie geschaffen für eine Bildergalerie, meint er, denn er sammelt fränkische Originale, z.B. Oskar Koller, der bald einen großen Ruf haben wird, aber das weiß hier niemand. Dafür weiß ich nicht mehr, wie wir zur Warthestraße kommen in diesem Viertel, wo es noch immer die eine alte Straße gibt, die bei ihrer Länge drei Bezeichnungen trug und jetzt Karl-Marx-Straße heißt, Mauer hin und her.

Mein Mann kommt zurück, nimmt mich beim Arm, geht zielsicher los. „Ich weiß jetzt, wo wir lang müssen!“ Meine Füße tun weh. Mein Kopf auch. Ich will weg von hier, nicht wieder zu den Verwandten, die uns einluden, die nach der zerbombten Wohnung mit viel Glück diese riesige hochwandige Wohnung fanden, zu der frühmorgens von der Hofseite Mülleimergeklapper, Teppichklopfen hochlärmen. „Na, wie wird dir,“ fragte mein Mann heute morgen, „das ist Berlin, was?“ Er findet das exotisch köstlich, er genießt den Redefluß meiner Landsleute. Der Taxichauffeur, der uns vom Flughafen zur Warthestraße fuhr und den ich nach umbenannten Straßen fragte, warf hin: „Jaja, meine Dame, diss geht schnell – der Stadtrat is‘ noch nich kalt, schon nennense ne Straße nach ihm...“

Eisern merke ich mir für die nächsten Tage, wie wir bei Spaziergängen ohne mehrmaliges Landen bei dem Leiser-Schuhgeschäft zu dem Mietshaus mit den Riesenwohnungen kommen, wo uns der Onkel immer mit demselben Satz empfängt: „Kinder, det kostet euch neue Absätze, eure werdn hier bald schief sein..." Und er sieht mit gespieltem Amüsement auf unsere Schuhe. Mein Mann sagt, wenn die Verhältnisse nicht so unsicher wären, würde er den Mut haben, hier nochmal mit einer Anwaltskanzlei neu anzufangen. Er wartet auf eine Zustimmung von mir. Ich lächle nur. Ich weiß, weshalb ich mich verlaufen habe, weshalb mich alles hier anstrengt, als ziehe man mir seit Tagen die Haut ab. Ich sehe mich im Haus in Friedrichshagen, dem Haus, das ich mal erben sollte, so sagt man, wie in einer Zuflucht vor der lauten Bedrängnis Berlins. Der Mischgeruch von Sand, Kiefern, Wasser, der helle Himmel – das sind meine Heimatbilder, ein entgrenztes, nicht einzuholendes ‚märkisches Berlin'. Mein Geheimnis an Zwiespalt und liebendem Herzweh, meine Kindheitsspuren, in denen ich weglaufe von der Gegenwart.

Es sind seit diesem Besuch damals dreißig Jahre vergangen. Jedoch ich sehe mich vor dem Leiser-Schuhgeschäft stehen und durch die Scheiben erwächst mir, was ich niemanden fragen kann. Ich habe mich in mir selber verlaufen. Ich könnte jetzt einmal nach Friedrichshagen fahren, natürlich. Natürlich? Ich tue es nicht. Niemand von meiner Familie lebt mehr. Im Traum gehe ich mit allen um den Müggelsee...

Nach-Blick

Die Familie nannte dich „Renchen". Auch ich, deine Tochter, war seit je in Versuchung, dich so zu nennen. Der Name paßte zu dir: In aller Biederkeit schwang da etwas Kokettes mit. Du hättest mich als Kind so gern zärtlich bemuttert, mit schönen Kleidern geschmückt, wie eine Puppe. Ich enttäuschte dich wohl sehr, denn manchmal traf mich bei meinen Spielen mit allem Getier, das mir begegnete, dein verlegener, ja hilfloser Blick. Später sagte ich mir, du wolltest höflich sein und um Verständnis bemüht, wie das damals in den Familien noch üblich war. Und wenn man das heutzutage mit dem Etikett von krampfhafter Erziehung ausstatten will, so greift man fehl. Es gehörte zum Gesetz des gegenseitigen Umgangs, das prägte auch die Familien: Man kultivierte nach Möglichkeit auch Gegensätzliches, Unbegreifliches um der Achtung willen voreinander. So bewahrte ich es auch nur als backfischhafte, nie geäußerte Abwehr, ja mit Heiterkeit gemischte Empörung, daß ich einmal auf einer Ferienwanderung mit dir am Elbufer in der Sächsischen Schweiz die Bemerkung zweier vorbeiradelnder Burschen hörte – „Zwei Wandermädel" – und daß ich am liebsten nachgerufen hätte: Das ist aber meine Mutter, die ist eben sehr jung!

Deshalb lese ich es ab in meinen Erinnerungen wie eine zeitlich zu fixierende, heute längst legendenhaft wirkende Seite unserer Familiengeschichte und der meinen besonders: Es war in den „wilden zwanziger Jahren" in Berlin durchaus noch nicht üblich, so junge Eltern zu haben wie ich. Der

Vater blieb ja durch den Kaufmannsberuf recht beschäftigt distanziert, aber du, das Renchen, die flotte, schlanke, kleine Person mit den braunroten Haaren, den modischen Kleidern, dem flinken Reden und Lachen, du fielst aus der Reihe! Szenen, erlebt, bewahrt, kritisch gehortet von deiner ernsten bücherverschlingenden Tochter, die bald selber anfing zu schreiben und von der du, über die du mit höflicher koketter Verlegenheit im Kreise der Freunde, der Familie kopfschüttelnd sagtest: „Was hab ich da nur geboren!" Einen Stolperstein eurer schnäbelnd unablässigen und ungetrübten Zweisamkeit, so scheint es mir, hattest du da euch selber in die Welt gesetzt, ein bockig reserviertes Kind, das sich selber Geschichten erzählte und die jungen Eltern prüfend aus Abstand betrachtete: Von denen bin ich! Älterwerdend, drehte ich den Spieß um und sagte wohl mal: Wie kam ich nur von dieser lustigen Renchen her! So geschehen, als du mir ins Lyzeum das vergessene Pausenbrot brachtest und von der Aufsicht führenden Lehrerin, die dich für eine Schülerin hielt, getadelt wurdest, weil du die Schule verlassen wolltest durch den gläsernen Hauptausgang zur Straße.

Nein, es war nichts mit der dann bald im Dritten Reich aufgeplusterten Reklame von der deutschen Mutter und ihrem Kind. Wir konnten nicht einmal optisch täuschen – du warst um ein Grad zu modisch, ich um viele Grade zu eigenwillig und als Einzelkind in einer Großfamilie bestimmt, rasch und kritisch zu „erwachsen". Es war auch nichts mit mütterlicher Obsorge bei der ersten Liebe, bei der Verlobung, bei der Heirat. Du warst entweder verwundert scheu oder betont heiter mit deiner erfüllten Ehe beschäftigt oder die heroischen Zeitläufe, die mich zu deinem geheimen modischen Entsetzen in plump sportliche

Uniformen steckten und zu selbst deinem weiblichen Sinn allzu superweiblichen hochgelobten vaterländischen Arbeitsdiensten zwangen, sie trennten uns. Meine ersten Studiensemester, die ich noch in Berlin absolvieren konnte, hast du dann aber zu einer kontrapunktischen, ganz deinem Sinn entsprechenden Romanze umgepolt: Die Feldpostbriefe meines Verlobten hast du mir vorgelesen durchs Telefon zwischen meinen Kollegs. Was für Zeiten noch, als das in den weiten Gängen der Humboldt-Universität Unter den Linden möglich war, da sich Telefonzellen neben den Garderoben unweit der großen Hörsäle befanden!

Bis dahin teilen sich die Erinnerungen in liebevolle Distanzen und Annäherungen, von uns beiden Guterzogenen und Guterziehenden praktiziert ohne Auffälligkeit. Es versteht sich, daß uns der Mutternimbus und die Vielkindereuphorien des Hitlerstaates immun ließen. Und wir machten beide später auch die Muttertagsgeschäftigkeit nicht mit. Du hast das wohl von der Tochter, die als Frau und Literaturarbeiterin ihren eigenen Weg ging, niemals erwartet. Ich kam dir auch nicht mit Pflichtblumen und -Pralinenschachteln entgegen. Es konnte geschehen, daß ich diesen dekorierten Tag festhielt auf einer Grußkarte mit der Bemerkung: „Alle Tage oder keiner!“ Und wenn ich reisenderweise gerade am Muttertag bei dir war, küßte ich dich verlegen und sagte: „Glückwunsch, daß wir uns aushalten!“

Die Jahre purzelten, rasten, lasteten an uns vorbei und schoben uns damit gleichsam aufeinanderzu: Dein frühes weißes Haar und bald meins, deine verschwiegenen Sorgen um mich und meine Turbulenzen – meine leisen Beobachtungen deines in aller heiteren Koketterie und Weibchen-Anmut so tapfer, ja altmodisch preußisch gemeisterten

Lebens. Die schwerste Prüfung auf den Abstand oder die innere Nähe: Deine über ein Jahrzehnt seit dem Tod des geliebten Mannes fortschreitende wesensverändernde Krankheit, bei der der Geist sich ins Vergessen rettete!

Vierzehn Tage vor deinem Tod stand ich an deinem Sessel, streichelte das schlohweiße, noch immer schöne Haar, nun ohne künstliche Locken, glatt und dick, „alter Pagenkopf“, dachte ich und sagte leise: „Du bist ein Beatlchen“! Da senktest du den kleingewordenen Kopf. Du weintest und wolltest das nicht. Ich habe es aber gehört, daß du zu dir selber, ganz klar und ernst geflüstert hast: „Ich sterbe ja...“ „Du gehst nur weiter,“ sagte ich ebenso leise, „du gehst vor mir her und zu denen, die auf dich warten...“ Da hast du den Kopf gehoben und mich angesehen. In deinen kleiner gewordenen, graugrünen Augen stand plötzlich der Schalk, eine irritierende Heiterkeit, es blinzelte aus dem Blick, der sich schon von mir entfernte und mir gleichsam nachsah, aber nie warst du mir mit deinem ganzen Leben so nahe, nie warst du so sehr meine Mutter, das Renchen, das mich achtete und sein ließ, wie ich war, das mich liebte, verlegen, hilflos, klug verschmitzt in dem Wissen, daß wir uns nie entgingen, Mutter und Tochter, was immer wir auch anstellten in Höflichkeit nach außen und Abstand innerlich. Du gabst mir diesen prüfend strengen, schalkshellen Blick mit auf meinen Weg ohne dich. Du bist da, bist geblieben Tag um Tag. Ich lebe mit deinem Nach-Blick in den Rest meiner irdischen Zeit und vermutlich darüber hinaus. Ich bemühe mich wie nie in Kindheit und Jugend und allen Jahren, in denen du lebtest, deine Lebendigkeit als eine wachsame Hut über mich anzuerkennen.

Rückzahlung

In Abständen besuche ich sie. Meine Pflicht ist größer als meine Lust dazu. Ich weiß den Gang der Unterhaltung auswendig, es wurde zum Ritual. „Wir Übriggebliebenen," sagt Ela und setzt mir Kaffee vor und holt die Milchsahne, die sie nicht dazu nimmt, sie ist extra für mich gekauft. Zwischen Trinken und kleinen Kuchenhappen sagt sie: „Jetzt wirst du uns allen immer ähnlicher. Mal siehst du aus wie Lene, mal wie Hede, mal wie Änne. Und neulich sagte Frau Keulich, du ähnelst mir."

Ich nicke, zucke die Achseln. Es gibt ein Bild, da stehe ich als junge Frau, dicklich und wohlig und wie eine immer kleiner und zierlicher werdende Linie stehen da neben mir auf dem Rasen in Hedes Garten meine Mutter (Lene), dann Hede, die älteste der Schwestern, dann Änne, die jüngste. Das Foto, so deutlich wie komisch in dieser steifen Reihung, hat Ela (Gabriele) gemacht. Die Schwestern behielten ihre kindlichen Rufnahmen, ich übernahm sie, ich sagte weder Mutter noch Tante Sowieso, ich rief sie, wie sie sich riefen.

Ein Frauennest, du bist in einem Frauennest großgeworden, hat mir Dino einmal erregt und spöttisch entgegengehalten, als er mir eine Bitte nicht erfüllte, den strengen Ehemann spielte, um mich zu erziehen, was er „Nachholung" nannte. Das „Frauennest", in dem ich geborgen, fantasieumwoben, von Gelächter und Geschichten, von jungen hübschen Wesen mit wohlklingenden Stimmen geneckt und geliebt, lebte – es war nicht nur Dino ein Ärgernis, obwohl er es ja nie so recht erlebt hatte, er malte es sich nur aus, aber er hörte von mich besuchenden Schulgefährtinnen genug darüber. Noch bei den lange schon weißhaarigen, zierlich gebliebenen Damen, die in ihrer Abwesenheit gleichsam mit Anrufen, Briefen, Paketsendungen das „Frauennest" um mich bildeten, konnte er sich abwehrend verwundert, spöttisch amüsiert (aber dahinter fühlte ich Sehnsucht, Nachdenklichkeit, Einsamkeit) alles ausmalen: Wie Hede mit mir aufs Eis ging, mich haltend, Kreise ziehend, jeden Fall abhaltend, wie sie mit mir ins Marionettentheater ging und mich beruhigte, als Rumpelstilzchen mit einem Knall „sich in die Erde trat", wie sie den Kinderfilm „Kalif Storch" mit mir besuchte. Wie Änne später mit mir Konzerte besuchte, Opern, wie Änne für mich in Berlin in der Universität dies und das erledigte, weil ich schon im Süden war und da noch Formalitäten erfüllt werden mußten. Wie Lene für mich endlich – früher hatte sie ihre Tochter nicht herausputzen können, die wollte lieber jungenshaft herumlaufen – mit wunderbaren Strickereien „Mode" machte, als ich längere Kleider brauchte...

Von Ela war da nie die Rede. Sie trat nicht in Erscheinung. Ich erzählte es weder Dino noch den in Erinnerung von meiner „Verwöhnung", von der „viel zu vielen Liebe" schwärmenden, mich wie in verspäteter Rache der nicht so Bedachten aufreizenden Mitschülerinnen: Ela hielt sich in dem „Frauennest" zurück. Sie kam und ging in der Großfamilie zwischen den Schwestern, dem Schwager, der Mutter, die für mich als Großmutter ein alles dirigierendes, mit warmklingender Stimme sanft die Tage und ihre Ereignisse bestimmendes Wesen war, das alle anderen nach sich, um sich zog, weißhaarig seit je, mit dunklen großen Augen, die in allen Wirklichkeiten zugleich alle Möglichkeiten erkannten, das Wirkliche zu überflügeln. Hatten wir nur Brot, schmeckte das wie Kuchen. Verliefen wir uns auf Reisen, war das die herrliche Überraschung. Mein Vater? Er gewann erst für mich, dieser junge Mann, später Bedeutung, als ich größer wurde, als ich begriff, was „Zeit" bewirkte, was Krieg auslöste. Aber das war noch lange hin und stark blieb das Frauennest. Wo war da Ela? Ela reiste ins Gebirge, alleine. Alle anderen umgaben mich an der See wie eine zusätzlich schützende Burg. Ela konnte an den Sonntagen dasitzen und stumm, ohne zu lachen ihren Kuchen essen, während sich die anderen Frauen Beobachtungen erzählten vom Alltag, von dem Berlin der Portierfrauen, der U-Bahn-Typen, der Zeitungsverkäufer. Lene konnte herrlich Gesichter schneiden, Hede gab trockene Redensarten wieder, Änne malte mit Gebärden Komisches, Trauriges. Mein Vater war selten dabei, meine Großmutter schien diese Sonntage zu dirigieren, als müßte da heraufziehendes Unheil überspielt werden. Der Krieg näherte sich diesen hellen Stunden wie der steinerne Gast dem Festtische Don Giovannis. So sagte Änne später, die Opernkundige. Ela weiß das alles noch genau. Sie fängt mit Stichworten an zu erinnern, sie will mir Wehmut, Sehnsucht entlocken. Eine Weile ließ ich mich verführen und sagte, wie sehr ich es spürte, daß mich viel Liebe, viel Helle, auch gut und gerne Verwöhnung umgaben, daß ich die ganzen Notzeiten wie ein gefütterter Vogel im Nest durchlebte, denn wo so viele sind, hilft einer dem andern und alle helfen zusammen, daß dem Kinde nichts mangelt.

Bis an einem der Besuchstage von mir Ela mit der flachen Hand auf den Tisch schlägt, nicht grob, nur wie kommandiert. Sie läßt mich eine Weile allein, irgendwas klirrt in der Küche. Als Ela wiederkommt, hat sie ein rotes, fleckiges

Gesicht, das zu ihrer kühlen Strenge (man hielt sie in Heidelberg mit ihrem rötlichen Haar und der aufrechten Haltung „für eine Engländerin") nicht paßt. Ich frage: „Ist dir was?" Sie schüttelt den Kopf, setzt sich, ißt und trinkt so stumm wie ehemals in der Frauenrunde in Berlin. Und auf einmal sagt sie leise: „Du hast gar nicht gemerkt, wie die dich alle brauchten. Ich nicht." Nun schweige ich. Ich habe es nicht gern, wenn Elas Stimme so flach und hart wird. Mit dieser Stimme hat sie sich verteidigt, als sie tief in der Nacht zurückkam von „Unter den Linden" wo sie sich heisergeschrien hatte vor Begeisterung über die Fackelzüge zur Machtübernahme Hitlers. Änne arbeitete in einer jüdischen Konfektion, wie früher Hede. Meine Mutter lehnte sich mit allem, was sie dachte und tat, an meinen politisch grundsätzlich mißtrauischen, aber passiven Vater. Jetzt redet Ela weiter, als wenn sie es aus einem Tagebuch abliest, was sie sicher niemals führte, sie hatte es nie mit Gesprächen, Briefen, gar Lektüre. „Oma wollte, daß du alles erreichst, was sie nicht erreicht hatte. Hede mit ihrer unglücklichen Ehe, die nahm dich wie ihr Kind an. Änne, na die mit ihrem ungestillten Liebesbedürfnis. Du hast das alles ausgenutzt, unwiderstehlich ausgenutzt... so wie du dastehst am Strand von Ückeritz, als wenn dir überhaupt nichts passieren kann, für dich gab es keinen Schwarzen Mann, für dich gab es nur Verwöhnung in Menge..." Ela sieht, während sie das sagt, auf ihre Kaffeetasse. „Es hat mir nicht geschadet," erwidere ich leise, „es hat mich noch beschützt, als ich sovielem Leid später ausgesetzt war, wie du weißt. Mich hat diese viele Liebe nicht nur damals getröstet, sie ist mir sozusagen unter der geschundenen Haut geblieben wie eine Heilsalbe, durch die sich alles wieder glättet..." „Ich kann da nicht mitreden,", sagt Ela schroff,

„ich habe ja nur beobachtet und bin meiner Wege gegangen. Und das ist so geblieben.“ Sie sieht mich mit ihren sehr hellen Augen an, deren Grün im Alter einem verwaschenen Grüngrau wich. „Wenn du so herumgereist bist,“ sage ich leise, „dann dachten wir, du wirst bald heiraten. Glaube nicht, daß Lene oder Änne, Oma und Hede weniger, die waren vielleicht klüger und kannten dich besser, von dir redeten. Wir waren doch immer zusammen, auch wenn jemand fehlte!“ Da lacht Ela auf, es klingt, als wenn Flügel gegen Glas klatschen. „Ich,“ antwortet sie, „ich und heiraten. Ich und nicht fehlen. Ich!“ Es ist, als wenn mich nun jemand kommandiert: Ich lege Ela meine Hand auf den Arm, ich weiß nicht, was ich sagen soll, alles scheint mir ungenügend. Ela sitzt und schluckt. Und dann würgt sie langsam hervor: „Dabei habe ich dich immer vermißt, wenn ich weg war von euch. Dabei habe ich dir immer was mitgebracht...“ „Der Rübezahl,“ rufe ich laut, „du, den habe ich noch als Studentin gehabt, diesen Kerl mit dem Holzbauch, überzogen mit isländisch Moos, der mit seinen roten Holzschuhen, die sich in Bewegung setzten, wenn man ihn auf ein schräges Brett stellte. Dann lief er abwärts, mit seinem Hut aus versteiften, geleimten Blättern, ich mochte ihn, er sah so zuverlässig aus...“ Ela sieht mich an, lächelt, sagt: „Das ist gut. Änne fand ihn nämlich scheußlich, die andern sagten gar nichts.“

Wir erzählen noch Belangloses, wir rühren nicht mehr an das Vergangene. Aber ich gebe Ela einen Kuß, als ich gehe, ich sage ihr gleich, wann ich wiederkomme, ich werde Kuchen mitbringen, sage ich, ich rufe dich jeden Tag an, wir wollen es noch ausnutzen, daß wir zusammensein können, sage ich.

Sie winkt mir nach, ihr weißes Haar weht ein bißchen auf im Wind am Gartentor, so wie meins, das sehe ich, als ich mich in der gläsernen Bustür spiegele.

Mündig bei Mandelkuchen

Noch früher als sonst bin ich heute hier. Der Ober – er könnte mein Großvater sein, alle Männer sonst sind entweder an der Front oder in unabkömmlichen Positionen – führt mich mit leisem Nicken gleich wieder an meinen Stammplatz, von dem aus ich halbverdeckt für den Caféraum über den Platz draußen und zur Universität sehen kann. Rotsteinern steht da Kant, an dem die Königsberger vorbeigehen mit ihren Einkaufstaschen.

Wortlos stellt mir mein alter Betreuer, der schon meine Bitten und Gewohnheiten kennt, die Kanne mit dem Kakao hin. Dann sagt er: „Es gibt heute frischen Mandelkuchen!" „Drei Stück!" bitte ich und gebe ihm meine Brotmarken. Die Offiziere, die hier auch schon immer um diese Mittagszeit einkehren, sind gerade gekommen, einige kenne ich daher. Es sind zumeist ältere Männer, aber der jüngere, der mir gefällt, sagt halblaut zu dem Ober: „Ist unser Kuchenkind wieder da?" Ich höre keine Antwort, sicher gab ihm ein Nicken Bescheid. Ich bin gemeint, das weiß ich. Man nimmt mich nicht für voll. Mit meinem Zopfkranz um den Kopf und da ich nicht gerade großgewachsen bin, in meinem Hängemantel mit Pelzbesatz hält man mich für das, was ich ja auch noch bin – ein Schulmädchen. Alles ist für mich seit dem Herbst 1940 ein seltsames Gemisch. Ich bin Abiturientin und schon für den nächsten Einsatz sozusagen hier gemustert worden. In wenigen Wochen in diesem nahenden Frühling muß ich zum Arbeitsdienst. Hier in Ostpreußen habe ich die kleineren Mitschülerinnen meiner Berliner Schule zu beaufsichtigen in der Jugendherberge. Die Aktion nennt sich Kinderlandverschickung. Vor den befürchteten Bomben auf die Reichshauptstadt wurden wir in das noch wie im Frieden, sogar ohne Verdunkelung einladende Königsberg geschickt. Noch gilt der Pakt mit der Sowjetunion. Allerdings werden Schächte für Bunker ausgehoben. Als ich Agnes Miegel, die ich besuchte, danach fragte, sagte sie, das sei nur Vorsorge, nichts sonst. Der Krieg wird gewiß bald wieder zu Ende sein. Der junge, sieghafte Krieg findet im Westen statt. Polen wurde nach kurzen Wochen besiegt.

Der Mandelkuchen kommt, ich verschlinge das erste Stück hungrig, beiße vom zweiten ab, werde müde. Gleich nach dem Mittagessen in der Jugendherberge rannte ich in meine Freizeit für zwei Stunden, der kalte Märzwind steigerte sich auf der Pregelbrücke. Ich habe diese Stadt mit ihren Speichern und Bürgerhäusern, mit der großen Buchhandlung Gräfe und Unzer, mit diesem Café Pluhda hier sogleich liebgewonnen. Sie ist ja ein Stück Frieden, ein Gemisch aus Berliner Gewohntem und Gebliebenem mit den schönen Kaufläden, den Menschen ohne Hast. Die Jugendherberge allerdings ist ein ganz anderes Gemisch, halb Hitlerjugendlager und halb Schule. Es wird ja Unterricht gehalten, aber manche mitgereisten Lehrer sind herrischer geworden und kommandieren aufpasserisch.

Ich esse langsamer, mir ist nicht sehr gut, Tränen verdrücke ich und auch den Begriff, den ich lange später in der Erinnerung anwende für meine Verfassung. Ich habe einfach Heimweh. Und ich weiß, daß ich mich notgedrungen hier zwischen den Mitschülerinnen und den Lehrern verändert habe. Ich versuche heute wie immer hier einen Brief nach Hause zu schreiben. Ich habe bei meinen Freigängen immer was zum Schreiben dabei und auch ein Buch, ein lateinisches oder griechisches Lehrbuch. Ich will weiterlernen, will nichts versäumen durch diesen Einsatz, der ja weitergeht, bis ich mich freigedient habe, wie mein Vater das nennt, um endlich dann studieren zu können.

Die Offiziere haben schnell getrunken und Kuchen gegessen. Sie sehen schmunzelnd zu mir hin und nicken mir zu. Der Ober kommt und fragt, ob ich noch mehr möchte. Ich verneine. Mir bleibt nicht gut. Aber ich sage nichts. Heute früh beim Aufwachen fing das an – meine Nachdenklichkeit, die ich den Eltern nicht schreiben kann. Ich werde heute achtzehn Jahre. Alle von der Familie haben mir geschrieben und Brotmarken beigelegt, weil ich mich hier im Café verköstige. Ich hatte längst nach Hause angedeutet, weshalb. Ich kann diese merkwürdige Lagerkost nicht runterkriegen, muß es aber unter den strengen Lehreraugen. Ich muß und soll Vorbild sein und aufessen, was da gleich immer auf dem Teller liegt, fast täglich für mich aufreizend Unverdauliches. Nieren geschmort, Fische mit keinem guten Geruch und Buttermilch als Getränk, ein Fleischgehäck, das mir auch nach Innereien aussieht. Ich esse immer ganz langsam zum Schein und spucke dann alles in die Papierservietten, die ich mir zurechtschnitt. Ich kann nicht anders. Jaja, sage ich mir, das hast du gelernt hier – listig sein, täuschen, verschweigen! Ich kann das niemandem sagen, wie mich dies beschäftigt. Ich bin falsch erzogen, das erkenne ich. Man hat mich verwöhnt mit viel Liebe und Verstehen, mit großzügigem Nachgeben bei meinem Abwehren von Fleisch, mit selbstverständlichem Erwarten und Erwidern von Offenheiten, Meinungen und Gewohnheiten jenseits der üblichen Maße von unbedingtem Gehorsam. Ich habe hier Tarnung gelernt und Verheimlichen, ich bin vorsichtig bei jedem Wort. Ich habe Weihnachten so überstanden und habe da auf der Toilette kurz geweint! Die große herrliche Tanne, die mich an Zuhause erinnerte, war an der Spitze mit einem roten hölzernen Hakenkreuz statt Stern versehen. Wir sangen keine Weihnachtslieder, sondern „Hohe Nacht der klaren Sterne..."

Und heute also habe ich niemandem gesagt, daß ich Geburtstag habe. Ich lief durch die Straßen und wußte, bald bin ich nicht mehr hier. Seit dem Abreisen aus Berlin änderte sich alles für mich. Ich darf und kann nicht sein, wie ich bin; ich muß mich fügen in einer Gemeinschaft, der ich nicht trauen kann, das sagt mir mein Gefühl. Ich kann nur heimlich lesen, lernen. Man denkt hier sogleich, das läßt man mich merken, ich stehle Zeit von meinen Pflichten. Der Jugendherbergsvater, wie er genannt wird, nahm mich allerdings einmal beiseite und sagte leise: „Marjell, alles jeht mal weiter und zu Ende, jlaube mir..." Da hab ich so getan, als würde er sich sehr in mir irren. Das tut mir im Grunde leid.

Ich esse nichts mehr. Ich sehe zu Kant hinüber und bitte um ein Glas Wasser. Der Ober bleibt bei mir stehen, es ist niemand im Café, er fragt behutsam: „Ist was, Fräuleinchen, hat es heute nicht geschmeckt?" Ich antworte: „Doch, doch, ich habe nur heute Geburtstag und bin nicht in Berlin!" Jetzt ist es heraus, jetzt habe ich es gesagt. Der alte Mann legt kurz seine Hand mir auf die Schulter und sagt: „Alles steht doch noch für Sie offen, Fräuleinchen!"

Einen dicken Stoß Briefe habe ich nach meiner Rückkehr auf meinen kleinen Tisch. Die Sportlehrerin, eine drahtige Person mit immer demselben spitz ausgeschnittenen weinroten Wollpullover, kommt wie zur Kontrolle, ob ich nun auch wieder zur Beaufsichtigung der Schularbeiten in den großen Tagesraum gehe. Ich habe gerade das Bild meines Groß-Vetters aufgestellt – er hält in Offiziersuniform sein Reitpferd am Zügel. Sein Vater ist der Neffe meiner Großmutter. Das ist zu verzwickt zu erklären. Die Sportlehrerin sieht auf das Bild, lange! Ich sage: „Ist das nicht ein schönes Pferd?“ Ich spüre, diese Frau macht sich so ihre Gedanken. Sie wittert, was ich zu dieser Stunde noch nicht weiß: In zwei Jahren werde ich mit diesem Manne, einem Bildhauer, verlobt sein. Er fällt sechs Monate später in Rußland. Ich werde seine schönen Hände bis heute nicht vergessen.

Mit achtzehn war ich in jenem Frühjahr in Königsberg nur bei mir selber auf heimliche und gar nicht freudige Weise mündig. Mandelkuchen esse ich heute noch langsam und so genießerisch wie mäßig. Jahrzehnte verlöschen vor jähem Begreifen der Schwierigkeit, erwachsen zu sein und ausgesetzt dem, was man Verhalten gegenüber der Umwelt nennt.

Als ich damals erwartungsvoll Agnes Miegel besuchte und ihr Gedichte von mir zeigte, meinte sie zurückhaltend, das seien wohl nicht nur Pubertätsgedichte. Ich ging darauf von den „Hufen“, wo die Dichterin in Königsberg wohnte, enttäuscht und nachdenklich durch die Stadt. Auch bei dieser Begegnung kam mir eine Mündigkeit, vor der mich meine Berliner Familie aus lauter Liebe bewahren wollte: Man muß unbeirrt und allein vorwärtsleben und – arbeiten, was immer das heißen mag für jeden. Dabei habe ich für mich keine Scheu, ab und zu mit dem Älter- und Altwerden wieder das „Kuchenkind“ voll Trauer und Hunger und Müdigkeit zu werden und dennoch weiterzugehen durch die Zeit.

Rosenzeit

Natürlich gab es immer wieder solche heißen Sommer, die im Juni in der Rosenzeit wie ein Duftballon durch die langen Tage und kurzen Nächte trugen. Jedoch kein Sommer seitdem hatte – und das Gott sei Dank! – diese angstbedrängende Kehrseite. Luftalarm konnte in jedem Augenblick und nicht mehr nur nachts erfolgen, die Städte hatten zumeist schon soviel Ruinen, daß das Gemunkel von neuen Vergeltungswaffen, die bald eingesetzt würden und den schon lange für das Dritte Reich erfolglosen Krieg wieder in Siege wenden würden, irritierte und einmal in Hoffnungen, dann wieder in spöttisches bloßes Aufhorchen gegenüber kraftlos gewordenen Parolen führte. In dem völlig unzerstörten Erlangen prallten in diesem letzten Kriegssommer Idylle und Furcht immer wieder auf absurdeste Weise aufeinander.

Wir waren nur noch wenige Studentinnen und Studenten. Letztere trugen Verbände oder Prothesen, von den Mädchen trugen manche schwarze Kleider, sie hatten den Vater oder Bruder oder Verlobten oder auch schon den eben erst geheirateten Mann verloren. Das Normale, nämlich junge buntgekleidete unversehrte Mädchen mit Kollegmappen, fiel fast auf. Ruth Faraglia fiel doppelt auf: Sie war sehr jung, jünger als die anderen Studentinnen, sie hatte trotz ihrer Größe eine rosige Rundlichkeit, ein Gesicht, das man in Märchen mit „Milch und Blut" bezeichnete, dazu ebenholzschwarze Haare. Ein fülliges Schneewittchen, hatte sie nur Wohlwollen um sich, zumal sie schulmädchenhaft fleißig in den Seminaren saß und schrieb und schrieb und las und las. Es hieß, sie habe einen italienischen Vater, eine deutsche Mutter. Vielleicht war diese gemischte Herkunft Anziehungspunkt für die Luxemburgerin Ilse Rifferscheid. Jedenfalls sah man diese gegensätzlichen Mädchen oft zusammen. Ilse Rifferscheid war klein und pockennarbig, sie fiel allen auf durch das markante Hochdeutsch und ausgefallene Fremdworte, sicherlich Umgangsworte ihrer Heimat.

In diesem Sommer war Ilse unruhig, fehlte oft in den Vorlesungen, einmal traf ich sie vor der Bahnauskunft. Sie gab sich zu allen so freundlich wie reserviert, nur mit Ruth sah man sie lachen.

An diesem Morgen kam sie mir langsam im Schloßgarten entgegen. Sie wartete, bis ich nahe herangekommen war, dann nickte sie mir stumm zu und fragte: „Weißt du es? Kommst du mit zum Begräbnis?“ Ich fragte verlegen, was los sei, ich wüßte gar nichts. „Ach ja,“ sagte Ilse langsam, „du warst ja gestern nicht hier. Ruth ist tot!“ Ich holte es bruchstückhaft, durchsetzt mit Pausen, aus Ilse heraus: Ruth hatte den Studentinnensport, der für sie ja als Zweitsemester noch Pflicht war, mitgemacht. Gewissenhaft, wie sie war, gab sie sich auch diesen Aufgaben auf dem Sportplatz nahe den Kasernen hin. Beim Hundert-Meter-Lauf schaffte sie trotz der heißen Mittagszeit alles bestens, aber ihr waren diese Laufzeiten – zweimal hatten sie bei ihr zu gleichem gutem Ergebnis geführt – noch nicht kurz genug. Sie rannte nochmals los, rannte wie ein Blitz durchs Ziel, soll sich richtig gegen die flimmernde Luft geworfen haben – mit einem lachend verzerrten Gesicht fiel sie auf den Boden, stand nicht auf. Als man ihr half, hing sie mit schnell blaurot anlaufenden Wangen, mit offenem blutendem Mund und zerschrammter Stirn durch den Aufprall leblos in den Armen der Helfer, zweier älterer Studentinnen, die bei diesem Termin um das nachzuholende Testat bemüht waren. Der Arzt, als er endlich kam – einer von der Studentenkompanie, eben mit bestandenem Examen dabei, sich abzumelden an die Front – stellte nur noch den schon gleich wohl beim Sturz durch Herzversagen eingetretenen Tod fest. Morgen sei schon in Nürnberg das Begräbnis. Einer von uns müsse da auch was reden, ich vielleicht? So erzählte Ilse und zeigte auf mich: „Mach es, ein Gruß nur, Blumen, Rosen, besorge ich!"

Wir waren zu fünft, alle aus dem historischen Seminar, das Ruth besucht hatte. Wir fuhren mit der zockelnden Bahn nach Nürnberg und liefen lange herum, bis wir auf dem großen West-Friedhof die Kapelle fanden. Wir zögerten. Da standen schwarz uniformierte Jungs und ein Mann, mit dem Käppi der Faschisten, breit gegürtet, aufrecht. Um sie herum flatterten Frauen. Eine schrie dauernd und griff nach den Armen der steif und tränenlos dastehenden anderen, die wir später als Ruths Mutter kennenlernten. „Mein Mädchen," schrie die Flatternde, „ganz in Rosen liegt sie da, so sehen Sie sie doch nochmal an, ein letztes Mal, Frau Faraglia!" Die Mutter Ruths drehte sich weg, weg von allen, den vielen Menschen, die da herumstanden. Uns aber, vielmehr Ilse packte die klagende herumflatternde Wirtschafterin der Faraglias, wir schnappten diese Erklärung von zwei Nürnbergerinnen aus der Nähe auf. Hinter Ilse her, um sie nicht in der Menge zu verlieren, folgten wir der immer wieder Aufschreienden, die nun den andern, die fast ein Spalier bildeten, zurief: „Das sind ihre Freundinnen!" Ehe wir es versahen, standen wir dicht vor der Glaswand, dahinter befand sich der offene Sarg. Als wenn sie wohlig schliefe, lag Ruth da. Ihr tiefschwarzes, dünn wirkendes, weil straff gekämmtes Haar hob sich ab von den Rosen, die wie ein dicker Rahmen vom Kopf bis zu den Füßen die Tote umkräuselten. Ruth hatte ein weißes Kleid an. „Großer Gott!“ murmelte Ilse. Und ich flüsterte: „Ich sage nichts am Grab, ich kann nicht!“

Es kam auch gar nicht dazu. Eine riesige Menschenmenge, viele Schwarzuniformierte, zogen dem Pfarrer nach und seinen ihn weihrauchschwingend begleitenden Meßknaben. Die Gefäße blitzten in der Sonne. Nur die katholische Ilse konnte dem Vorgang folgen. Während der lateinischen Worte am Grab aber standen der Vater, die Brüder, alle andern Italiener mit erhobenem Arm, mit Duce-Gruß, reglos und lange. Wir warfen verschüchtert später unsere Rosen auf den Sarg.

Ilse hatte so allerlei von den Leuten aufgeschnappt. Ein Südfruchthändler der Vater, ein wohlhabender Mann. Ruth wurde in den Trauergesprächen verklärt als „pflichtbewußt und eben dadurch gestorben“. Wir saßen heimwärts nach Erlangen im Zug wie benebelt von Hitze, Rosenduft und innerer und äußerer Erschöpfung.

Ilse Rifferscheid suchte ich in den nächsten Tagen bei den Vorlesungen vergebens. Sie kam überhaupt nicht mehr. Es hieß, sie sei gar nicht mehr in der Stadt, sie habe sich abgesetzt in die Heimat. Ein soldatischer Jargon, ein Jargon der Endzeit dieses Krieges wurde hier laut.

Einmal, als der heiße Sommer zuendeging, als ich im Garten meines Onkels stand, pfiff es heran, ich warf mich mit dem ganzen Körper, Gesicht nach unten, auf die Erde. Erst als es ganz ruhig war, stand ich mühsam auf. „Tiefflieger“ – sagte mein Onkel und fügte hinzu: „Dein Gesicht ist ganz zerschrammt!“ Da dachte ich wieder an Ruth. Da dachte ich an die schwarzen Uniformierten und hätte bitter auflachen mögen. Da dachte ich auch an Ilse und ob ihr Land schon hinter dem Frontbereich läge. Alles war ja verwirrt und die Nachrichten überschlugen sich, indes die Rosen abblühten und es wie leise Verwesung in der Luft lag an den Abenden.

Sehe ich Bilder von Läuferinnen, die durchs Ziel jagen, die in Siegerpose stehen, sehe ich die jungen, aufgelösten Gesichter, schiebt sich Ruths Gestalt dazwischen. Ich war nicht bei ihr, aber ich meine sie laufen zu sehen, abhebend vom Boden, der Zeit fortjagend, ganz Wunschgewalt, die alles durchbrechen will an Erde und Luft, ein fliehendes Geschöpf, selig sicher in dieser Flucht bis in den Tod, eine ehrgeizige Schöne, die Jugend, weit weg nun von mir und nahe immer, denke ich daran, daß Glück des Augenblicks eine Brücke ist, Raum und Zeit überwölbend. Alles, was sonst damals geschah, hat Zeitkostüm, sinkt weg. Es bleibt die Rosenzeit und das Bild der Läuferin im heißen Licht.

Meine Klaviere oder Vom Schicksal der Dinge

Während unserer Verhandlungen über eine günstige Hausratversicherung hat der junge, unaufdringlich sachliche Vertreter immer wieder den Blick dahin gewendet. Jetzt nach dem Abschluß reckt er sich, räumt die Unterlagen in die Mappe und sagte. „Darf ich einmal fragen, spielen Sie Klavier?“ Ich nicke kurz, stumm. Er spricht weiter: „Man sieht das ja gar nicht mehr häufig, die Fernseher verdrängen so ein Instrument, bei Ihnen hier steht sich beides gleichsam Wand zu Wand gegenüber, das fällt auf!“ Der Mann hat eine von Gedanklichkeit gefärbte Sprache, eigentlich wollte er Lehrer werden, aber es ergab sich günstig, wie er mir eingangs seines Besuchs hinwarf, daß er diese Versicherungsarbeit annehmen, ausbauen konnte. Der Umgang mit Menschen ist ja da auch gegeben, man sammelt Eindrücke, kann raten, es ist nie langweilig... Ich nicke ihm weiter zu, ich möchte ihn jetzt gern loswerden, solche Verhandlungen, bei denen man wachsam sein muß, strengen doch an. Aber der junge Mann steht noch nicht auf, obwohl ich mich halb erhoben habe. Er sieht zu dem Klavier und fragt so zögernd wie eindringlich: „Aber Sie würden Ihr Klavier auch nicht verkaufen?“ „Nein,“ antworte ich schnell und stehe doch nun auf, mache einen Schritt zur Tür, „an sowas denke ich gar nicht!“ Der junge Mann folgt mir nicht. Er sitzt noch immer, dem Klavier zugewandt, er sagt halblaut. „Ich möchte längst meiner kleinen Tochter ein Klavier kaufen. Sie mag Musik, und ich stelle es mir richtig behaglich und erhebend vor, wenn sie da sitzen und spielen könnte, aktiv statt in dieser schädlichen Fernsehhypnose..." „Das gibt sich sicherlich mal" sage ich, „das sind so Phasen, wir hatten sie auf der andere Weise. Ich habe zum Beispiel mal lange Taschentücher umhäkelt, mit so komplizierten auszuzählenden Mustern, daß sie niemand, dem ich sie dann stolz schenken wollte, annehmen und benutzen wollte..." Der junge Mann steht langsam auf, aber er sieht immernoch zum Klavier und sagt, da seien ja zwei Firmennamen drauf, einer aus Berlin, der andere aus Nürnberg, das fiele ihm auf. Ach, winke ich ab, öffne die Tür zum Flur, jaja, das hätte sich so ergeben. Endlich schickt er sich an zu gehen. Er lächelt und sagt: „Aber wenn Sie mal verkaufen, bitte denken Sie an mich!"

Als ich ihn hinausgebracht habe, setze ich mich dahin, wo er saß und sehe das Klavier an. Ja, es sieht gut aus mit der Palisanderumhüllung, gleichsam eingerahmt von Ebenholz. Der Deckel ist hochgestellt, die schwarzweiße Tastatur belebt, Bachs Choräle stehen aufgeschlagen, als wenn ich jeden Tag spielte. Schäbig, spreche ich lautlos, in Gedanken zu all dem gewandt, lehne mich zurück, denkrede weiter. Das tut man ja öfter mit Dingen, die einen umgeben, vor allem, wenn man schon lange allein lebt wie ich. Wobei ich nun abbitte, daß ich dieses Klavier ein Ding nenne. Es ist viel mehr. Was ist es für mich? Ein Stück gelebtes Leben, ein Ersatz für früheres Leben, ein Begleiter in gewichtiger Beharrlichkeit hier, wo ich lebe, seit nun über fünfzig Jahren. Zähle ich die Berliner Zeit hinzu, komme ich auf über sechzig. Was für Zeiträume, was für Rechnereien, kaum sonst angestellt. Der junge Mann hat mich aufgestört aus Gewohnheit, fast Gleichgültigkeit, anderem an Alltag und Arbeit zugewandt. Schäbig, sage ich nun in mich hinein und sehe auf die Palisanderwand, das verdienst du nicht. Was hast du alles ausgehalten und mit mir durchgehalten, dabei habe ich doch immer an „mein Klavier" denken müssen und das sah anders aus. Es glänzte einheitlich schwarz poliert, hatte geschwungene Stützen seitlich, wie schwarze Girlanden. Es klang nicht füllig, eher wie ein rundtoniges Spinett. Meine Großmutter hatte es aus zweiter Hand gekauft, hatte einen pensionierten Musiklehrer, einen Nachbarn, mir als Lehrer zugeführt. Er hieß Herr Dorn, eine kraftvolle und freundliche Erscheinung. Seine ausdrucksvollen Hände brachten mir mit Energie die ruhige Haltung meiner Patschhände bei, die nur sehr mühsam eine Oktave umspannen konnten. Das Album mit Sonatinen von Clementi wurde mein Übungsbuch. Ich saß brav und aufmerksam neben Herrn Dorn, ich lernte mit höflicher Neugier, aber ohne große Lust. Ich spielte bald ganz ordentlich und suchte mir nun Kompositionen aus, die mich klanglich berührten. Händels Sarabanden, natürlich Beethovens „An Elise". Und die Familie hörte zu, unverklärt behaglich, erst später reimte ich mir ihre Reaktionen, Gefühle zusammen.

Jaja, anfangs war da dieses schwarzflügelige Klavier, das in die Kerzenhalter dicke weiße Kerzen eingesetzt bekam, wenn sie auch nicht gebrannt wurden. Diese Kerzen reizten den weißen Angorakater, meinen Liebling, der sich elegant und sehr wach auf den oberen breiten Abschluß des Resonanzkörpers setzte und mit schiefem Kopf, mit immer kleiner werdenden Augen Mozart anhörte, auch Beethoven. Bei Brahms sprang er fort, bei Schumann kam er überhaupt erst gar nicht ans Klavier. Aber das alles füllte wenige Jahre, bald begann ja der Krieg. Als alles durch die Bomben verbrannte, rettete mein verzweifelter, verstörter junger Vater nur die kitschige Beethovenbüste, die mir mal eine Tante geschenkt hatte. Die ging dann irgendwann in den Notquartieren meiner Eltern verloren.

Geschichten, Augenblicke, die sich ineinanderschachteln. Am Anfang in Berlin stand die Bürgersehnsucht meiner Großmutter, sich und der Familie das zu leisten, was sie mangels Geld bei der musikalischen jüngsten eigenen Tochter nicht geschafft hatte, nämlich ein Klavier anzuschaffen und dem Wohnzimmer damit eine gewisse Weihe zu geben. Für die Enkelin konnte sich der Wunsch dann erfüllen. Es gibt Bilder: Das heranwachsende Mädchen in Pose am Klavier. Ich ließ mir das gefallen, ich hatte mir längst auf meine Weise und anders, als wohl ursprünglich gedacht und erwartet, das Instrument dienstbar gemacht. Ich war keine sehr gute Spielerin, bei allem Üben nicht. Wohl aber diente mir, was ich an Fertigkeit erwarb, höflich weiterarbeitend, als der liebenswerte strenge Herr Dorn schon tot war und ich abwehrte wegen der vielen Lernerei im Lyzeum, nochmal regelmäßig auch noch Klavierstunden absolvieren zu müssen, für meine Musikentdeckung dieses Klavier immer mehr. Die Mitglieder meiner Familie, vor allem die Frauen, hatten sehr gute Singstimmen. Zu den Festen wurde es nun Brauch, sich um das Klavier singend zu versammeln. Ich aber sang allein und mit steigender poetisch-musikalischer Aneignung, die mir erst viel später bewußt wurde, aus den Alben Schubertlieder, ich kaufte mir Gesangsalben in Sopranausgabe und brachte eine richtige Bibliothek zusammen. War es auch keine meisterhafte Begleitung, so kam mir doch zugute, was ich gelernt hatte und ich konnte mir einen Eindruck verschaffen von der Bedeutung der Zyklen, die ich am liebsten sang – Schuberts „Winterreise“, Schumanns „Dichterliebe“ und seine

Eichendorff-Vertonungen. Ich erzog unbewußt die Familie zu einem ganz anderen Zuhören als früher. Worte und Klang trafen, die Klavierbegleitung war erträglich. Ich weiß heute, daß gerade die ersten Kriegsjahre uns auf wunderbare Weise damit ablenkten von den heraufkommenden Zukunftsängsten. Das Klavier wurde ein Mittelpunkt im Hause. Um diese Zeit, bevor Berlin immer mehr das Ziel der Bomben wurde, verheiratete sich meine älteste Tante nach böser erster geschiedener Ehe wieder und zog nach Süddeutschland. Unter ihrem Umzugsgut befand sich das Klavier, auf dem ich als Kind vor der Schulzeit schon bei Besuchen in ihrer Wohnung vorsichtig Tonfolgen versucht hatte. Mir war aber dieses ebenfalls dunkelholzige, wuchtige mattglänzende Instrument, dessen dicke Kerzenhalter wie angeschraubte Miniaturaschenbecher aussahen, nicht geheuer. Die Tante konnte mich plötzlich und mit Tränen in den Augen umarmen, wenn ich da auf den Tasten herumfingerte. Da stimmte etwas nicht, das begriff ich. Und später, als ich dann bei Besuchen „was Vernünftiges" spielen konnte, wie meine Großmutter es nannte, reimte ich es mir zusammen. Auf diesem Klavier hatte ein Freund des für mich so charmanten wie für die Familie unseligen und die Tante betrügenden Mannes gespielt. Jener Onkel hatte dazu gegeigt, Hausmusik auf berlinisch, also sinnige Schlager, Salonmusik. Kalbhenn hieß der Freund des Onkels, der das Klavier dabei benutzte. Die Tante ließ mal gegenüber meiner Großmutter diesen Namen fallen – „Kalbhenn wußte alles, sie hielten noch in ihrer Musiziererei zusammen, täuschten Biederkeit vor..." Mein Spürsinn für Sprache, für Worte war schon früh wach und unter dem Klavierspieler Kalbhenn stellte ich mir einen jungen robusten Komplizen des leichtsinnigen Onkels vor, der sein Geschäft verschulden ließ, in den Krieg zog wie in ein neues Abenteuer, der wiederkam und meine Tante weiter besuchte, ihr schwarzgehandelte Butter brachte, manchmal, so schilderte sie es, schnell über die Klaviertasten fuhr und hinwarf: „Das waren noch Zeiten..." Er konnte dann kaum verstehen, daß sich das alles auflöste, daß seine ehemalige Frau wieder heiratete. Er soll zu ihr gesagt haben, eigentlich könnte er ja das Klavier von ihr fordern – „aber nimm's ruhig mit, laß es bei dir da in Erlangen rumstehen als ein anhängliches Stück von mir!"

Ich wechselte bald vor den stärker werdenden Bombenangriffen auf Berlin die Universität und bezog im Hause des zweiten Mannes der Tante, eines wenig redenden, aber würdigen Siemens-Kaufmanns, ein Zimmer und konnte ruhig arbeiten, durfte mich geborgen fühlen, denn meine Großmutter war mit umgezogen und sorgte trotz aller Mängel für ein fast friedliches Leben. Die Bomber suchten immer Nürnberg heim. Das wuchtige Klavier stand im Wohnzimmer zugedeckt mit einer Brokatdecke über dem Tastendeckel – es ist ein Wortzwang, daß ich dreimal von Deckeln rede, es paßte zu dem so sinnlos wie beharrlich wirkenden Instrument, auf dem niemand spielen konnte. Meine Tante schilderte nicht ohne triumphierende Dramatik, daß die Umzugsmänner mit diesem schweren Ungetüm kaum die Vortreppe hinauf und um die Flurecke im Haus in das nicht sehr große Zimmer kamen. Aber der neue Onkel bestand auf dieser Placierung, die mit viel rauhen anspornenden Zurufen schließlich gelang. Für den neuen Onkel war ich vermutlich lange nur „die Berliner Nichte", die davor rettete, daß im Hause eine Zimmerbeschlagnahmung fremde Leute eingebracht hätte. War er im Dienst, konnte es doch nach einer Weile geschehen, daß die Tante die Brokatdecke wegzog und sagte „spiel doch, es steht ja immer so stumm da, es wird dir ja doch mal später gehören, deins gibt es ja nicht mehr..." Meins, das verbrannte seitenflügelige Klavier! Meine Großmutter warf dann hin: „Das hier geht ja auch, es ist nicht ganz so schön, aber es ist gerettet!" Und ich gewöhnte mir an, wenn nur die beiden Frauen im Haus waren, wie in Berlin mehr zu singen als zu spielen, aber das eine ging ja nur mit dem andern. Der Krieg wurde totaler, aber nicht in Erlangen. Kriegsversehrte Studiengefährten wurden von der Tante eingeladen, der Onkel fragte sie aus, er war nie Soldat gewesen, im Ersten Weltkrieg zu jung, im Zweiten Weltkrieg zu alt. Er ließ sich berichten und er war ganz Hausherr, wenn einer dieser Studienkollegen fragte, ob er mal auf dem Klavier spielen dürfe. Das wurden dann richtige Konzerte, da spielte jemand, dem das Musikstudium eine zu unsichere Zukunftsaussicht bot, der aber als ein Könner diesem Instrument mit Bach, mit Chopin, mit Brahms eine leidenschaftlich füllige neue Bedeutung gab, sodaß der Erlanger Onkel zur Tante sagte „es ist doch schön, daß wir dieses Klavier besitzen!" Ich verstand. Ich hielt mich zurück. Nachmittags musizierte ich manchmal mit diesem Studienfreund, dessen Begleitung mir zeigte, wie mangelhaft ich selber spielte. Und wieder wurde die Musik eine Flucht aus den immer näher kommenden Kriegsfronten.

Aber dann ging alles schnell und sachlich erbarmungslos vor sich: Eben noch ein Leben wie im Frieden und nun amerikanische Besatzung und der Befehl, das Haus für Offiziere zu räumen. In unser Notquartier konnte nur das sparsam Notwendigste mitgenommen werden. Das Klavier blieb stehen wie unverrückbar. Mein Erlanger Onkel sagte zu seiner traurigen Frau: „Das Klavier kriegt hier niemand weg, du weißt ja, was das für ein Theater war, es überhaupt ins Haus zu bugsieren."

Aus den angekündigten paar Wochen Hausräumung wurden dreieinhalb Jahre. Meine zarte Tante bewies, bestärkt durch den Onkel, absurden Mut: Sie verdingte sich für nichts als ab und zu die Gaben von Guter Seife, im Keller des eigenen Hauses für die Offiziere zu waschen. So hatte sie doch auch etwas die Zimmer unter Kontrolle und berichtete: Überall wurde auf Soldatenmanier gehaust, wie konnte es anders sein. Der Klavierdeckel hatte Ränder von Bierdosen, die Kerzenhalter, längst schief und verbogen, waren immer mit Zigarettenasche gefüllt. Das lärmige Uniformvolk, junge Männer, junge Sieger, was kümmerte es sich um ein Klavier! Der Erlanger Onkel hörte sich das immer ruhig an. Im zweiten Jahr der Hausbesetzung an einem grauen Novembernachmittag samstags benahmen sich Großmutter und Tante in unserem Notquartier befremdend unruhig und warfen immer wieder Blicke auf die Uhr. Ich saß über Büchern, es nahte ja die Sperrstunde. Wenn sie auch nicht mehr streng offiziell galt, waren wir sie doch noch immer gewöhnt. Am besten blieb man um diese Zeit zuhause, was immer man auch darunter verstand. Wo war der Onkel? Bei seiner Verwandtschaft, hieß es. Ich wußte flüchtig von dieser ziemlich großen Erlanger Sippe, alles Geschäftsleute, Gastwirte. Es wurde spät und später, es schlug zehn Uhr, da trat langsam, sich frierend schüttelnd, aber den Frauen zunickend, der Onkel ein. Er setzte sich, noch im Mantel, hin und sagte nur: „Es ist draußen!" Die Großmutter umarmte ihre Tochter, die Tante ihren Mann. Dann nickten sie mir zu, eine sich offenbarende Verschwörerclique. Der Onkel als Stimmführer sagte: „Das Klavier ist bei Theo im Schuppen, da findet es niemand."

Und die Tante ergänzte in einem an ihr fremden abenteuerlichen Stolz: „Onkel Richard hat es rausgeschafft, die Bewachung machte ihre Runde in der Nebenstraße, Onkel Richard hat das alles genau beobachtet gehabt, länger schon, er hat das alles mit Helfern heimlich geplant, es ist geglückt!" Und der Onkel sagte langsam: „Ich hab das Klavier aus dem eigenen Haus gestohlen, ehe es ganz verkommt!" Und die Tante faßte Mut und fügte laut hinzu: „Es soll dir doch erhalten bleiben!" Sie sahen mich alle an, auch der Onkel, er lächelte. Ich war offenbar seit längerem für ihn nicht mehr nur die Berliner Nichte, ich mochte in sein biederes Leben auf Umwegen so etwas wie einen eigensinnigen Hang zum Außergewöhnlichen gebracht haben!

Als wir das Haus wieder beziehen durften und praktisch zwischen Bruchstücken der alten Einrichtung zu ordnen und zu planen anfingen, wartete der Onkel noch eine ganze Weile, bis er das Klavier aus dem Schuppen seines Vetters mühsam auf einem Wagen holte und alle seine Erfahrung mit den Ecken und Kanten der Einschleusung ins Wohnzimmer fast behaglich anwandte. Er schraubte die ohnehin verbogen verkrüppelten Kerzenhalter ab, er polierte auf dem Holz herum. Das Instrument gewann zwar nicht mehr die wuchtige Makellosigkeit, aber es konnte sich wieder sehenlassen. Nun durfte ich nicht nur, nun sollte ich singen und spielen und an den Festen sang der Onkel mit gar keiner üblen Stimme mit. Die Jahre normalisierten sich um den geheimen Mittelpunkt. Denn wenn Besuche kamen, wurde immer erstaunt gefragt, woher denn dieses Klavier sei, nie hätte man das wahrgenommen, solch Stück Möbel sei so selten... Ja, pflegte der Onkel zu sagen, das sei durch glückliche Umstände erhalten geblieben!

Als später ein Fernseher aufgestellt wurde, wirkte das Wohnzimmer eng und unharmonisch bedrängt. Das Klavier jetzt immer mit aufgedeckter Tastatur und der moderne große Apparat, sie paßten nicht zueinander. Das Ideal gutbürgerlicher Kunstdemonstration verlor seinen alten Glanz. So sehe ich es heute. Als ich mit meinem Mann in ein eigenes Haus ziehen konnte, erlaubte der Onkel nicht nur die Mitnahme des Klaviers, er schien von einer belastenden Pietät befreit, er meinte, bei uns in den größeren Räumen hätte das mehr Wirkung. Und nun bekam das Instrument die neue Verschalung, es wirkte verwandelt, es stand zwischen den hohen Buchregalen wie jetzt erst zugehörig, es erlebte wohl seine besten Jahre. Denn mein Mann spielte sehr gut und mit Ausdauer viel reine Klaviermusik. Chopin erklang und Schubert, mein Mann hatte sich das Instrument auf seine Weise angeeignet. Ich sang und spielte wieder nur noch, wenn ich alleine war. Dieses Klavier war niemals meins geworden, es blieb Ersatz für etwas Unwiederbringliches, das mit der Kindheit und Vergangenheit einer behüteten Jugend zu tun hatte und um das ich meine Familie in Berlin erinnernd gruppierte wie in heimlichem Neuschöpfen von Vertrautem. Die Errungenschaft von einem Hauch von Luxus und der Genuß von Besonderem, mitten im Trott aller von Arbeit und Alltag, diese Errungenschaft wuchs sich nun aus zum Schicksal der Dinge, das Leben von mir weiter begleitend. Im Grunde ging das nur mich etwas an und es ließ mich nach vielen Verlusten von Menschen und von früher lebensvoll Selbstverständlichem nun immer mehr neben dem Klavier verstummen. Im letzten Winter gab das Instrument an einem stillen Sonntag plötzlich ein nachschwingendes, sich selber zerreißendes Tönen kund und ich wußte, da konnte wieder eine der alten

Saiten nicht mehr standhalten. Ich müßte alles wieder überholen und stimmen lassen. Die schöne Fassade, die Bachnoten täuschen.

Ich sitze da und nicke dem Klavier zu. Mal sehen, denke ich, was ich mache – es liegt ja an mir, dich wieder von innen her zu heilen, zu richten. Es liegt an mir, wieder zu spielen und zu singen. Nein – eben dies nicht, das gelingt mir nicht mehr. Meine Klaviere lebten Zeiten aus, damit soll es genug sein.

Gutgebaute Häuser

Diese Hitze in der ohnehin ruhigen Urlaubszeit verschafft mir das reuelose Gefühl, richtig gehandelt zu haben: Klausur in diesem Sommer zum Aufarbeiten am Schreibtisch. Das Arbeitszimmer ist kühl, abends zerstreut sich, versiegt auch mal der Autolärm, die Gärten ringsum riechen nach süßen Augustblumen und nicht nach Grillfleisch, Stimmen irgendwo und nur ab und zu, selbst die Hunde scheinen ohne großes Publikum nicht bellen zu wollen.

Diese Häuser hier sind ohnehin gut gebaut, man hört sich kaum trotz der Kettenbauweise. Ich bin für Tage ringsum allein.

„Sie saßen abends, als es kühler wurde, wie Sie sagen, etwa eine Stunde auf Ihrer Terrasse", sagt der Kriminalbeamte und fragt: „Wenn Sie das Autotürzuschlagen an der Straßenseite nicht hörten, nahmen Sie Stimmen im Nachbarhaus wahr, das Begehen von Treppen?"

Bis Seite drei war ich am Nachmittag gekommen. Ein Stück Rechenschaft auf dem Papier, betrachtende Prosa, die Wochenendausgabe nimmt sowas gern. Der Redakteur gab mir Frist bis Dienstag, ausnahmsweise – falls mein Kopf noch schmerzte! Ich trug zwar noch am Hinterkopf einen Mullrollenverband, aber nichts tat mehr belastend weh. Es reizte mich, Vorgang, Empfindungen, Folgerungen aufzuschreiben. Überschrift „Der Sturz" – nämlich bei einem Besuch der Fall an den steinernen, spitzkantigen Rahmen der Eingangstür. Eine Sekunde Benommenheit – dann das Daliegen, blutend, nur ein Tempotaschentuch, meine Hand rotnaß – ich habe nichts mehr zum Abwischen, fahre an den Strümpfen entlang, ist ja egal...

Ich sage dem Notizen machenden sehr jungen Beamten, der mich um Auskünfte bat, daß ich hinter der Trennwand auf der Terrasse gegen das Sonnenlicht jemanden am Tisch sitzen sah, umrißhaft, nicht erkennbar, ob Mann oder Frau. Ich sage: „Seit Tagen steht da fast vor der Tür ein Wagen aus Milano. Besuch bei Sanders, habe ich gedacht. Auch die Person auf der Terrasse habe ich als Besuch angesehen. Man kann ja Freunden so ein Haus, das nicht zu groß ist und nicht zuviel Arbeit macht, mal im Urlaub zur Verfügung stellen!"

Ich hatte mich gegen den Besuch gewehrt. Ich wollte nur meiner alten Tante, die darum gebeten hatte, den Gefallen tun. Bekannte von früher, als meine Familie noch in dieser Stadt wohnte. Die Kleinstadt, die nun poliert aussieht, als wäre hier ewiges Reiterfest. Alle haben sie Häuser gebaut, die Frisöre, die Modegeschäfte haben sich hier niedergelassen und die Frauen wetteifern mit ihrem Äußeren und haben noch beim Rasenmähen weiße Schürzen um, als wollten sie den Drosseln die Würmer, frisch aufgewirbelt, so servieren. Und ich gehe an das Haus der Ostenkottens und sehe auf die geparkten Wagen, schnittig und poliert, man kriegt fast Komplexe, daß man sich mit den Beinen fortbewegt. Und da liege ich schon und sehe, als ich wieder richtig zu mir komme, daß das heiße Sonnenlicht die Straße und den Damm gelbglüht, daß ich kaum mehr wahrnehmen kann als Staub und Hitze und nirgends einen Menschen, nirgends einen Laut. Ich scheine in einen Lichtschacht gefallen zu sein, ich kann mich noch nicht aufrichten, ich möchte schreien und kann es nicht, meine Kehle ist verklebt und nur das Blut läuft. Endlich kommt ein Radfahrer vorbei, aber er sieht geradeaus, sieht mich nicht. Die Haustürklingel von Ostenkottens erreiche ich nicht.

„Wie war Ihr Verhältnis zu Ihren Nachbarn," fragt der Beamte. Da kann ich schnell antworten: „Gut. Gut auf Abstand. Ein paar Worte über den Garten oder den Gehweg, ein paar Hilfen hin und her, Entgegennahme von Paketen. Man fegte meine Straße mit, wenn Schnee lag. Das Kind war bestens erzogen, es machte mir Tonfiguren, in meinem Keller stehen ein Hase und eine Katze, liebevoll mir geschenkt." Ich verschweige bewußt, daß sich Frau Sanders übermäßig viel Kleidung von den Versandhäusern schicken ließ. Das war ja wohl ihre Sache. Genau wie das zusätzliche Geldverdienen. Ein bißchen konfus, aber stetig wurde an dem Haus immer irgendwas verbessert, angebaut, danach lagen lange die Restmaterialien herum. Ein Haus mit einem Garten wie eine Handwerkerniederlassung. Aber das konnten ja die Sanders halten, wie sie wollten.

Ich habe gestern versucht, aus diesem Sturzereignis das herauszuholen, woran mir liegt: Daß in einer Sekunde alles, aber auch alles anders sein kann um einen herum, in einem, daß man sehenden Auges ausbluten könnte.

Niemand geht über die Straße, nichts ist zu hören als irgendwo ein Hund. Ostenkottens gibt es gar nicht. Diese geputzte Kleinstadt gibt es nicht. Ich bin in das zerstörende glühende Licht gefallen, aus diesem Nachmittag. Ich wollte morgen noch an das Grab der Eltern, die es hierher verschlug, die hier einander nachstarben. Sie liebten sich sehr. Eine Geschichte, ganz fern. Vielleicht wird man mich abends finden, ausgeblutet, schon fremd in der Miene. Ostenkottens werden sich fragen, ob sie diese Frau nicht kannten, aber von hier ist sie nicht, vielleicht wollte sie Geld für eine Straßensammlung? Der steinerne Türrahmen ist kantig scharf, „Vorsicht, Hermann," schreit Frau Ostenkotten, „daß du da dich gerade immer wieder halten willst ..." „Wir sollten doch noch ein Geländer anbringen lassen," sagt leise der altgewordene Ostenkotten, ein Bauernsohn, der gern noch Platt snakt, dem die Familie das Haus verdankt, den ganzen Aufbau der Versicherungsfiliale, die Bauern hier im Umkreise vertrauten dem Bauernsohn und vertrauen jetzt seinen Söhnen, die Abschlüsse blühen, die schnittigen Wagen sind zum Teil abzusetzen.

Der Kriminalbeamte fragt: „Wußten Sie was über die Ehe?" Ich schüttele den Kopf. Mir ist übel, seit mir der Polizist im nachbarlichen Vorgarten auf meine Frage, was denn da los sei, ob man helfen könne, einfach sagte, da sei gar nichts mehr zu helfen, der Mann habe seine Frau mit einem Fäustel erschlagen, der Kopf sei unkenntlich. „Vor kurzem," gebe ich Auskunft, „fuhr Frau Sanders ihren Mann wegen Bandscheibenschmerzen noch zum Arzt..."

Ich spüre wie mein Kleid am Rücken naß wird, blutrot, denke ich, würge im Hals. Eine Reise, Termine, Pläne bis weit ins neue Jahr, alles zerschlagen. Aus. Ich habe das vor fast fünfzehn Jahren schon einmal erlebt, damals war mein Arm zertrümmert, ist geschickt geflickt worden, damals lebten sie fast alle noch, die Familie, damals fuhr ich zur Erholung hierher und ging langsam mit meiner Mutter spazieren, die jüngste Tante winkte nach. Diese weißhaarigen Köpfe, sie fallen mir ein, weil mein weißes Haar nun sicherlich rot und röter wird. Im Grab meiner Eltern wäre noch Platz, man muß daran denken, wem kann ich es noch sagen – und sollte es mir nicht gleichgültig sein? Ich versuche, mich auf den Stufen zu drehen. Ich sehe Blut auf den Stufen. Ich denke gar nichts mehr, meine Gedanken laufen aus wie das glutige Licht ringsum.

Der Kriminalbeamte hat alles aufgeschrieben. Schwerfällig, etwas müde, steht er auf. „Wissen Sie," sagt er, „wenn die Frau nicht noch so jung gewesen wäre." Er verabschiedet sich korrekt. Ich sitze später am Schreibtisch und will fortfahren in dem „Sturz" – ich will Summen ziehen, mich mir gegenübersetzen. Was ist ein Mensch, wenn er hinfällt in seine Ohnmacht? Was habe ich gedacht in der Ohnmacht? Wann kamen Ostenkottens? Ich liege in der Ambulanz und werde am Kopf genäht, nachdem man mir die Haare schnitt. Der Arzt sagt, an Weiterreisen darf ich jetzt nicht denken. Ich könnte froh sein, daß ich so davonkam!

Abends gehen die Nachbarn von unserem Viertel langsam spazieren und drehen beim auffälligen Unterhalten die Hälse, die Augen. Das Haus wurde versiegelt. Als es dunkel ist, gehe ich in den Vorgarten. Jetzt ist alles stumm und niemand geht hier lang. Die Häuser haben keine erhellten Fenster. Zumeist liegen ja die Wohnzimmer den Gärten zu. Es weht ein leichter Wind, er fährt in meine kurzen Haare. Die Kopfwunde juckt, der Mullrollverband, diese seltsame weiße Samuraizier, wird von mir jetzt schon manchmal vergessen, aber der Schmerz, wenn ich drankomme, erinnert mich nur zu sehr. Es tut weh, also bin ich, bin wieder hier, alles geht weiter, es war eine Pause da in der blitzblanken Stadt. Ich wohne bei Ostenkottens, sie sind besorgt, in dieser kühlen knappen Art der Gegend. Am letzten Morgen sagt Frau Ostenkotten: „Wissen Sie eigentlich, daß Sie von demselben Arzt behandelt wurden, der Ihre jüngste Tante betreute und mit Ihnen, als sie starb, telefoniert hat?" Ich muß schlucken, mir wird eng im Hals, als bedränge mich ein Kreis, der mich dreht, aus dem ich nicht entkomme. Was ist Zufall? Der Arzt, als er meinen Namen las, hat sich nichts anmerken lassen. Ostenkottens sagen beim Abschied: „Das war ja nun ein Pech, aber nächstes Mal werden Sie hier wieder richtig die alte Heimat genießen können!“ Was ist Heimat? Gräber, Erinnerungsbündel, ein Arzt, der mir durch seine Hilfe hier bedeutet, daß sich mit den Jahren Lebensklammern bilden. In dieser Stadt mit der neuen Fußgängerzone und natürlich einer lärmenden Disco abends war ich glücklich mit den Meinen. Mit einem Sturz holten sie mich wieder auf diese Erde hier, greifen nach mir, ich werde eine Narbe behalten. Ostenkottens scherzen: „Ihre dicken Haare werden nachwachsen wie Schnittlauch!“

Der Journalist aus München kam ziemlich spät noch. Er entschuldigte sich. Dieser Stau! Und diese komplizierte Stadteinfahrt. Und nun ist schon das Haus versiegelt. Wie war das denn alles? Darf man es von mir erfahren? Wie sah der Mann aus, wie die Frau? Ich beschreibe, als wären das die einzigen Anhaltspunkte der Nachbarschaft: Sie war blond, klein, dicker Kopf, leichte Pockennarben. Er dunkel, mittelkräftig, gebogene Nase, dunkle Augen. Junguhus sehen so aus, habe ich oft gedacht. Und bei ihr mußte ich an Kaspar Hauser denken, ein plusterig kindlich ernstes Gesicht. Das behalte ich für mich. Der Journalist sagt: „Sie schreiben? Da haben sie ja eine saftige Story vor der Tür!“ Ich antworte: „Geirrt. Die Pointe ist zu banal. Das Ereignis passiert doch viele Male!“ „Sie sind gut,“ sagt der Mann und steckt den Kugelschreiber ein, trinkt den Kaffee aus, bedankt sich, nickt nochmal am Gartentor: „Es sollen Ehekonflikte gewesen sein.“ „Wie gehabt,“ nicke ich zurück und erschrecke über meine Konfektionsantwort, gehe fröstelnd ins Haus, schließe alles ab, lasse die Rollos runter, als käme ein Unwetter. Ich könnte auf der Terrasse sitzen, es ist ja mild, es ist still wie in einer Kurzone. Nach einer Weile ziehe ich wieder alle Rollos hoch, sitze wirklich draußen, sehe die schwärzer werdende Koniferenhecke an und werde plötzlich so müde und leer wie vor der Tür bei Ostenkottens. Ich raffe mich auf und gehe ins Arbeitszimmer. Ich ziehe den halbbeschriebenen Bogen aus der Schreibmaschine, sehe nicht mehr drauf, zerreiße ihn mit den beiden schon getippten Seiten.

Am Telefon will eine alte Bekannte wissen, ob das nun wirklich da bei mir nebenan passierte, ob ich mich da nun so allein und nach diesem Gräßlichen zu schlafen traue. Ich sage: „Warum nicht? Ich habe Vorübungen hinter mir." „Aber nein," schreit meine Bekannte, „was sind das für Reden!" „Es ist nur eine Übersetzungsfrage," sage ich und wünsche eine gute Nacht.

„Man wird bald nichts mehr sehen von ihrer Kopfnarbe," stellt die Ärztin befriedigt fest und zieht die Fäden aus dem Verheilten. „So sicher diese gutgebauten Häuser sind," sagt sie noch, „sie haben auch ihre Tücken!"

Zweimal eins

Ich habe versucht, es den Liebermanns zu erzählen. Knapp natürlich und nur aus den Tatsachen. Diese Freunde sind die Verkörperung der alten hoffnungsvollen Liebes- und Eheformel „eins und eins gleich zwei“. Sie haben, was ich berichtete, in sich eingesaugt mit lieben, teilnehmenden Gesichtern, die ich nicht unbefangen ansehen kann. Sie ziehen mich Jahrzehnte zurück, in das heile Jahrzehnt nach dem Kriege, wo sich langsam aus den Gefühlen wieder Lebensnotwendigkeiten schälten und dann alles kühler, sachlicher, magerer machten. Aber die Liebermanns blieben eine liebenswerte, unverdorbene Konserve der vor-sachlichen Zeit. Ihre Gesichter behielten etwas ehrenhaft anständig Unangefochtenes. Auch ein bißchen Pathos glänzt in seinem dunklen, ihrem hellen Auge, wird zum Bühnenleuchten à la Leonore. Hohes Lied der Gattenliebe, jawohl, es ergreift mich immer wieder, trinken die beiden, grauhaarig nun wie ich auch, bei mir ihren Tee. Und es provoziert mich zum ironischen Abwinken „ach ich laß euch in eurem Dasein gelten, bleibt in euren Hütten, euren Zelten“, nämlich einer Wohnung in der Stadt und einer Wohnung auf dem Lande, bürgerlich und gediegen und ausbalanciert beides, den erwachsenen Kindern schon je als Eigentum verschrieben, Ordnung als Summe heilen Lebens, kleine Schrammen inbegriffen.

Was ich berichtete, drücken sie nach dem Aufgesaugthaben nun wieder aus, schwammsanft und lau, unbegriffen teilnehmend: Wie kann man helfen? Eines Tages wird sich wieder alles einrenken, vielleicht waren die Kinder der Streitpunkt, Kinder sind nicht immer nur Brücke von Ich zu Ich! Oder wenn er wieder mehr Zeit hat und sie eingesehen hat, daß man im Alter nicht gern allein lebt – und dann gehen ja auch die Kinder ihre eigenen Wege!

Liebevolle Liebermanns, ich nicke, ich vermeide es, mehr zu sagen, als ich sagte. Noch dazu, weil jetzt Renate Liebermann sich zu mir beugt, mit einem kühnen Anflug von Toleranz hinwirft: Und paß weiter auf ihn auf, ihr mögt euch doch, Altersunterschied spielt ja heutzutage keine Rolle mehr, ihr paßt gut zueinander!

Ich nicke und bewirte nur noch und finde, daß diese lieben Freunde für mich unantastbar unansprechbar wurden, im Museum meiner abgelebten Jahre, meiner alle Außenstehenden als kostbare Harmonie und Idealfall faszinierenden Ehe, die es fertiggebracht hatte, eigentlich erst Jüngeren zukommend, daß beide Partner für sich und doch als Einheit wirkten, eins und eins gleich zwei im Heute! Und als sich das als großer Irrtum herausstellte, als ich, Liebe und Ehe überlebend, eine fragwürdige Siegerin meiner selbst blieb, als ich Freundschaften weiterpflegte und nur meine Nächte und eben Martin, nur er, von meinem Alleinsein, dem illusionslosen, wußten – da wiederholte sich das Glauben vom Unglaublichen, wie ich die Einheit von Schein und Sein nenne.

Liebermanns Fragen im Hinterkopf, notiere ich hier jenseits vom Glauben an Unglaubliches den Prozeß von der Auflösung einer zu einfachen heutigen Rechnung von zweimal eins...

CHRONIK

Er trug sich zu den Tagungen modisch, er war ein bißchen füllig und das unterstrich noch der feine Karoanzug in hellgrau. Seine lockigen vollen Haare schimmerten anthrazit, seine Stimme klang dazu passend. Alles an ihm paßte und als ich ihm zum erstenmal begegnete, als ich von seiner Familie, seinen Ferienplänen, seinen Arbeitsvorhaben und den wohldosierten Pausen innerhalb des Arbeitsjahres erfuhr, dachte ich nur: Angenehm, schlechthin angenehm. Unsere gemeinsame wissenschaftliche Arbeit blieb angenehm, die Einladungen hin und her – auch, als ich schon allein wieder lebte, verliefen angenehm und maßvoll erfrischend. Das gab es also – eine völlig ausgewogene Familie, bis in die Typen passend zueinander, die Kinder, Junge und etwas älteres Mädchen, zurückhaltend, die Frau, deren Gesicht ich nie hätte wiedergeben können in dem freundlichen Ebenmaß und modernen Zuschnitt der Haare, hielt offenbar alles gut zusammen. Ich stellte mir die Ferien dieser Familie vor wie dauernde Sonnentage bei gleichmäßigen dreiundzwanzig Grad. Ich hatte das Ehepaar in vorweihnachtlicher Zeit bei mir zu Gast. Wieder malte ich mir das Einverständnis von Arbeit und Erholung aus, obwohl sich da schon etwas verändert hatte. Martins Frau, da die Kinder doch nun aus dem Gröbsten heraus waren, hatte einen Stundenjob in ihrem alten Lehrerinnenberuf angenommen, fuhr nun mit der Klasse ins Skilager. Ihr Mann reiste in den Orient zur gleichen Zeit aus Studiengründen. Die Kinder würden bei einer der Großmütter versorgt sein. Sieh an, dachte ich, alles angenehm geordnet und doch sehr heutig: Berufliche Reisen getrennt, jedoch wie in alten Zeiten Regelung des Alltags. Gut so. Ich spielte Vorstellungen durch:

Weshalb konnte sich so ein Gleichgewicht nur zum Schein zwischen meinem Mann und mir einstellen, weshalb war das Schein geblieben und die Wahrheit eine notwendige, harte Trennung? Ich sah Martin an, dessen Gesicht ich mir eben von Anfang an merken konnte. Es lag ein leise angestrengter, fröhlicher Zug um seinen Mund. Das Gesicht war ein bißchen magerer geworden. Martins Frau redete mir ihr Gesicht weg – ich konnte mir nichts davon merken, keinen Blick und kein Lächeln, obwohl ich noch heute weiß, sie lächelte an diesem Abend viel.

THEATER

Dieser Don Octavio singt Mitgefühl und schützenden Trotz und Liebe einzigartig, er steht da auf der Bühne, das ebenmäßige Gesicht zum Dirigenten Karajan gewandt und singt, daß man die Augen zumacht und nur noch zuhört. Beim Don Giovanni, diesem sängerischen Teufelskerl, der das Böse zum Genuß werden läßt, entgeht mir keine Geste. Martin sitzt still da, angenehm, flüchtig blicke ich zur Seite und sehe in ein blasses und nachdenkliches Gesicht. In der Pause, in dem schönen Foyer und bei gekühltem Sekt sage ich leichthin: Die Anständigen stehen herum und singen wunderbar, sie haben es immer schwerer zu wirken als die Schufte... Ich habe dabei an den Schein meiner Ehe gedacht, an den jahrzehntelangen Schein von Glück, über dem ich alt geworden bin und geworfen über den Limes, der Wünsche von Erfüllungen trennt und den Schmerz darüber auslöschte. Martin sieht mich an, sein Lächeln macht ihn alt, er nickt: Du sagst es... Unser Gericht über unsere Ehen, die meine wurde geschlossen, als Martin gerade ein paar Jahre alt und der Friede noch sehr grün war. Dreimal so lange dauerte die Lüge meiner Ehe, aber es ist nicht zu berechnen, wer tiefer für immer verbunden von uns beiden weiterlebt, obwohl Martin mir versichert, alles sei nun am besten so. Er sieht gut aus im Smoking, seine Locken sind ein bißchen grau geworden, Schimmer wie Rauhreif, sein Familienspeck ist verschwunden, schlank und wendig steht er vor mir, die ich ihn, die ich unsere Freundschaft genieße wie etwas Geborgtes und Gutes auf Zeit.

Ich spinne den Faden weiter, den der brave Octavio mit seiner warmen Stimme auslegte. Vielleicht muß man überhaupt und heute erst recht zur Ehe besonders geformt, veranlagt sein? Vielleicht muß der Mann ein ganz bestimmter Typ von durchschnittlichem Instinkt für Sorge und Geborgenheit sein, nicht zu klug und nicht zu erotisch, eben angenehm rundum und nicht aufregend... Ich bin innerlich zusammengezuckt, Martin merkt es wohl nicht. Das ist es ja, da liegt bei Martin der Bruch – er ist halb so und doch halb anders, arbeitsbezogen und auch mal einsamkeitsbedürftig, altmodisch der Familie zugetan und für alles sorgend, aber erschrocken, daß seine Frau, die doch gar nicht markant wirkt, plötzlich die Küchenschürze auszieht und wieder vor einer Schulklasse steht und auf seinen Widerstand hin nur bemerkt, es sei Zeit, daß sie sich selber verwirkliche! Das trifft ihn im harmonischen Promenadenschritt des Alltags und der Alltagspausen, das bringt durcheinander, und Martin fragt gereizt, weshalb und weshalb das überhaupt so sein muß. Mag er dabei dagestanden haben wie ein leidender Octavio, mag seine Frau noch in keine Rolle als nur in Widerspruchsgeste geschlüpft sein, denn noch will sie bleiben und Familie haben und doch will sie mehr – aber was und wie und in welcher Zeit?

Und der Grund, den sie anführt für alle Ausbrüche, dieser Grund ist wohl aufgesetzt. Martin schüttelt den Kopf, wenn er darauf kommt, wenn er es – immer seltener – erwähnt: Das kleine Haus, geerbt von seinen Eltern, ist ihr zu klein oder die Kinder zu groß, man muß Geld zusammenverdienen, damit man sich verändern kann, damit jeder Freiräume haben kann, Kinder und sie und auch Martin – obwohl er bisher meinte, dies sei geregelt in den Maßen, die ihm seine Position, sein Geld, diese Ehe zuweisen.

Umgestülpte Bilder: Mein Partner und ich hatten, in einer Zeit, in der sich alle Liebermanns fanden und einrichteten, jene solchen herkömmlichen innigen Einholungen der Zeiten vor dem Hitler-Wahnsinn entgegengesetzten Ziele angestrebt und verwirklicht. Wir beide lebten unseren Berufen, jeder hatte genug Freiraum innen und außen, Einigkeit herrschte über das schöne lockere Lieben und Vertrauen. Ich meinte es ernst und mein Partner spielte das alles nur und erreichte fast bis zum bitteren Ende meine Lächerlichkeit. Kam mir nicht zu, was heute und seit längerem eine Selbstverständlichkeit wurde zwischen Partnern, ob mit Ring oder ohne? Lebten wir nicht, woran Martin mit seiner Frau scheiterte und mußte es nicht fast befriedigen, daß auch ich, mindestens was diese Seite meiner Existenz anging, gescheitert war?

Martin trinkt seinen Sekt und schweigt. Es klingelt. Der herrliche Schuft Don Giovanni wird nun bald in Verdammnis versinken. Ich ertappe mich dabei, daß er mir leid tut. Backfischreaktion, sage ich mir und sitze, ganz reservierte Opernbesucherin, in der Loge, es gehen die Lichter aus, da flüstert mir Martin zu: „Wenn man Zerline und Donna

Anna mixen könnte, dann..." Er kann wegen der einsetzenden Musik nicht weiterreden, vielleicht wüßte er auch nicht wie. Ich kann mir seine Andeutung übersetzen: Er möchte warmherzige Ordnung, weibliche Würde, mütterliche Klugheit und Witz der Geliebten gekreuzt und sozusagen als Kontrapunkt gegen die ihm wohl niemals begreifliche emanzipatorische Flucht der Frauen, immer schneller seit unserem Jahrhundertbeginn, aus solchen idealischen Puzzles. Plötzlich ist mir der richtend singende Komtur sehr sympathisch und ich wünsche nicht nur Don Giovanni zur Hölle.

PAUSEN

Fast drei Jahre hatte ich von dem wissenschaftlichen Gefährten Martin Sommer nichts gehört. Ich war seit längerem allein und zu beschäftigt, um darüber nachzudenken, ich mied aus Instinkt und Angst vor Rückfällen in bittere Trauer um alles, was ich zur Änderung und Erneuerung meines Lebens zu bewältigen hatte, auch alle Bekannten mit Bilderbuch-Dasein. Da rief Martin an. Auch er hatte Grund gehabt zu schweigen. Vierzehn Tage nach dem damaligen Tee bei mir, vor den Reisen ins Skilager und in den Orient, nach seiner Rückkehr, fand er das kleine Haus verlassen. Frau und Kinder und Möbel waren weg. Kurz und sachlich begründete ein Brief, es ginge nicht mehr, es sei alles zu belastend, zu eng, ein Neuanfang müsse sein, Trennung auf Zeit, man werde sehen. Martin lebte wie in einem Fesselballon, erfüllte seine Arbeitspflichten, aber er fand sich nie so recht auf der Erde, alles geschah wie in einem Zwischenraum. Oh, er verschlampte nicht, im Gegenteil, er lebte wie immer, es kam heraus, daß diese Ordnung von seiner Frau nie eingehalten worden war, daß es immer Unpünktlichkeiten, Unerledigtes, Pausen am falschen Platz gegeben habe, daß die Kinder mal zur Ordnung und mal zum Schlendrian neigten, hin- und hergerissen seit je, nur wurde das alles verdeckt, überspielt, glich sich leidlich wieder aus. Und nun? Seine Frau sagte ihm am Telefon – denn natürlich hatte man wegen vieler alltäglicher Probleme doch fast täglich zu telefonieren – es sei doch so viel besser, auf Abstand sei das doch ein ganz anderes freieres Leben, es ginge doch auch so, man könnte sich treffen, man käme sich vielleicht durch den Abstand wieder näher, weshalb nicht, das sei doch alles einzusehen... Nein, schrie Martin durchs Telefon, schrie er, wenn wir uns nun wiedersahen und wie unter Hypnose von dem Absurden unserer gescheiterten Ehen sprechen mußten. Nein, schrie dann Martin, ich mache das nicht mit! Diese Pausenehe sei eine Farce, es wäre nun eine Art Zahlungsvereinbarung zwischen ihnen ausgemacht, er hielte alles peinlich ein, er wolle nicht zum Rechtsanwalt, noch sagte er zu den Nachbarn, seine Familie sei für längere Zeit verreist, nur verreist, es seien Arbeitsgründe...

Die Kinder besuchten ihn, wenn sie Geld brauchten. Einmal stand seine Frau vor der Tür und weinte, es könnte alles gutwerden, aber nicht in diesem seinem kleinen Haus, großzügiger müsse er werden, großzügiger. Wovon, womit, weshalb, da doch alles bisher in schönster Ordnung gewesen und gegangen wäre. Da lachte seine Frau, weinte lachend, nannte ihn zaghaft, rückständig, ging.

In Abständen trieb es ihn, dorthin zu fahren, wo sich seine Frau, etwas außerhalb im entgegengesetzten Stadtteil, eine Wohnung genommen hatte. Er wußte, daß er Zermürbendes, ja Albernes tat. Was habe ich davon, sagte er zu mir, wenn ich sehe, ob bei Sonja Licht brennt. Und er sagte Banales mit bittersten wahren Schlußfolgerungen: Es wäre besser, man sähe sich gar nicht mehr, aber die Kinder, ich habe Anspruch auf die Kinder, ich habe Anspruch, sie zu sehen. Und ich sollte nur froh sein, daß ich mit allen Konsequenzen allein lebte, nur auf diese Weise käme man von Vergangenheiten los... Nein, schrie da ich, das sei ein billiger Irrtum, man bliebe ein Paar, wie bei einer verrückten betrügerischen Rechnung. Eins und eins bleibt zwei, wenn das mal eine Zahlengruppe war, rechnerisch ausgedrückt und nicht übertrieben. Ich will keine Pausen mehr, wehrte Martin ab, keine Pausen von solcher Rechnerei, ich haue die Summe durch, ich lasse mich scheiden, damit ich mir wieder ins Gesicht sehen kann! Ja, sagte ich, dann tu das, aber nimm dir auch vor, dir ohne Dramatik dann ins Gesicht sehen zu können, nimm dir vor, wieder mit dir allein auszukommen! Was du kannst, werde ich auch können, sagte Martin. Du sollst es besser können, wünschte ich ihm.

VIS-À-VIS

Die Oper ist zuende und wir schlendern genießerisch durch die Nachtkühle, Salzburg ist eine zauberhafte Kulisse für heitere Traurigkeit. Alles schwingt zum Himmel, dessen sanfter Regen anhält und die Konturen leise zittern läßt im Lampenlicht. Paare kommen uns entgegen, festlich gelöst, das werden die auch von uns denken. Und dann sitzen wir beim Wein und stoßen auf den schönen Abend an, spielen souveräne Festspielgäste und gestehen uns plötzlich, daß uns ist, als säßen wir uns selber vis-à-vis. Stimmt ja nicht, fügt Martin an: Jeder sitzt heimlich dem Partner, der nicht mehr sein Partner ist, gegenüber und sinniert, weshalb nicht alles so sein könnte, wie bei anderen. Jeder von uns fragt und antwortet sich mit unterschiedlichen Akzenten Gleiches: Habe ich der Ehe zu sehr vertraut als einem Halt, einem verläßlichen Gerüst?

Ich denke, alle Parolen dieser Zeit treffen nicht auf uns zu – Konflikt zwischen Obsorge und Eigenwegen, Arbeit und Selbstanspruch, plötzliche Erkenntnis, daß man sich nicht völlig dem andern ausliefern kann und wenn man sich wehrt, ist es so falsch wie das Dulden und Schein-Eheleben.

Gelten noch die Schwüre am Altar, das Ja vor dem Standesbeamten und seinen Formeln, christlich gefragt, hat der scharfsinnige Apostel Paulus nicht den Haken in der Zweisamkeit entdeckt und rät...

Wer von uns beiden machte was falsch? Du oder ich oder beide und was hätte sich ändern können, wenn wir ganz offen gewesen wären? Martin hebt lächelnd sein Glas, nickt mir zu: Prost – und er könne nur wiederholen, was er vor Jahren, als wir uns wiedertrafen, sagte. Es lag Schnee, ich solle mich erinnern, wir hatten dienstlich beide in dem Freilandmuseum zu tun und wir standen uns gegenüber in unserer neuen Lage, von der wir nicht loskamen in den Gedanken und Gesprächen, er habe mich am Arm gepackt, in die weiße ländliche Pracht geschaut und bemerkt, dabei könne alles so schön sein... Ich hebe ihm mein Glas entgegen und lache und erkläre: Damals, als Martin das gesagt habe und auch heute fällt mir bei diesem „dabei könne alles so schön sein“ der Assessor meines Mannes ein, der frisch geschieden war und Scheidungsakten zur Bearbeitung vom Tisch nahm und mit tiefem Blick zu meinem Mann genau diese Worte ausgesprochen habe, diese läppische nachdenkliche Anklage. Als mir mein Mann dies erzählt habe, wiederholte ich die Szene wie eine Filmszene, amüsiert, nicht fähig, mir auszudenken, daß solche Worte mich einmal treffen könnten, resultierend aus eben solchen fast gleichen Veränderungen, deren innere Bewältigung lange braucht.

Martin nickt. Alles grotesk. Nimmt man es so, kann man noch am ehesten seine Rolle im Alltag weiterspielen. Wir sind beide so müde, als hätten wir Holz gehackt. „Rispondimi" singt der Komtur. Wir fragen wortlos in die Luft. Uns antwortet man nicht, aus den Fakten klauben wir uns dies und das heraus und wissen, es ist vergebliche Mühe.

BEDINGUNGEN

Es war Sehnsucht oder Trotz oder ein Gemisch, das alles vorantrieb. Ich redete mir ein, all das sei Martins Sache und für mich nur eine Zaungastangelegenheit. Schnell aber packte ich mich bei der Vernunft und wußte, was da geschah, traf mein Herz. Du bist gegen ihn alt und du solltest ihm alles gönnen, was sich da wieder an Liebe und Zukunft auftut; du hast es gewußt und mußtest darauf vorbereitet sein, was willst du eigentlich; ich will nicht schon wieder ganz alleinsein, ich will mein Spiegelbild nicht so bald wieder verlieren; aber es gibt doch die weitergehende Freundschaft; das rede dir nur ein, du weißt es schon heute besser.

Martin traf sich mit mir nicht oft, dazu hatten wir gar keine Zeit. Jedoch hatte sich ein gewisser Rhythmus ergeben, Feiertage ausgenommen. Da saß ich zuhause und arbeitete auf, er versicherte, fast immer täte er dies auch. Und nun also hatte sich ihm im Rheinland eine ehemalige Studiengefährtin, als er dort einen Vortrag hielt, vorgestellt und sie hatten erzählt und herausgefunden, daß auch sie nicht mehr von einer Ehe sprechen konnte, der Mann war älter und verstand die Fragen ihrer Generation nicht, sie wünschte sich Kinder, er wollte nicht, er war, wie er sagte „kriegsbefangen“, hatte zuviel Furchtbares gesehen... Insgeheim hörte ich meinen Mann und seine angebliche Einigkeit mit mir (unsere Generation der „Kriegsbefangenen“ dachte ich), als er sagte, man solle uns in Ruhe zuendeleben lassen!

Und nun also diese Marlies, blond und weiblich und voller Verständnis, sie beide, Martin und Marlies, hätten schon erwogen, ob sie hierher in unsere Region kommen solle, aber die beruflichen Aussichten wären ja schlecht und Martins künftige neue Frau müßte mitarbeiten, die Lasten durch die Scheidung wären zu groß, außerdem, was sollte eine neue Frau zuhause, da er ja sehr oft durch seinen Beruf reisen müßte. Was ich meinte, ob ich Rat geben könnte.

Ich sagte nicht viel, ich wünschte gutes Überlegen und eine gute Lösung. Und nun spielte sich das ein: Reisen Martins ins Rheinland oder Besuch in seinem Hause, immer so eingeteilt, daß ihn da nicht gerade seine Kinder besuchten. Natürlich, die Nachbarn wüßten, wüßten es jetzt doch, er sei geschieden und nun sähen sie die „Neue“. Sollen sie doch sich was denken, trotzte Martin, er sagte in einem Ton, der ihn nicht kleidete, der nicht zu seinem gutbürgerlichen, fast bürgerlicherem Wesen als dem meinen, paßte, es klang schnippisch und aufreizend: Dann habe ich eben ein Verhältnis, wenn es nicht anders geht und wir keine Lösung finden für ein Zusammenleben! Das „Verhältnis" dauerte an. Aber wie üblich, stellten sich nun all die Beobachtungen, Gegensätze, Dialoge ein, wie sie ein enges oder loses, aber ein auf „eins und eins gleich zwei als eins" abgestimmtes Zusammensein ergibt. Man sah sich nun offener, illusionsloser, in der Vorübung von bereits Erfahrenem, sprich all dem, was eine Ehe heute im Tempo von Beruf und Alltag bedeutet.

Marlies wollte heiraten, wollte ein Kind, wollte dann nach einer Weile wieder arbeiten, es fände sich schon etwas. Marlies ging durch das kleine Haus und rückte hier und maß da aus und meinte, so könne das denn nicht bleiben, alles müsse belebt, lockerer werden. Marlies brachte Puppen mit, selbstgearbeitet. Martin fand, die sähen zwischen seinen Büchern komisch aus. Marlies las laut atmend nicht aus Interesse, sondern aus Grimm, als Martin bei einem ihrer Besuche sich ein Fußball-Länderspiel ansehen wollte.

Die erste Frau rief unter einem Vorwand an und sagte abschließend, sie würde den Kindern die Besuche nicht mehr erlauben, wenn er da eine Freundin bei sich hätte, jaja, es sei sein Recht, aber die Kinder wollten ihr Recht ohne neuen Anhang, dann sei es besser, wenn nicht mehr...

Bedingungen. Martin sitzt in Abständen bei mir, da fällt der neue idealische Putz von seinem Gesicht, er ist grau und älter geworden, Martin will wissen, ob ich mich einmal nach Kindern gesehnt habe, er habe immer welche gewollt, er wolle sie nicht missen, dann solle eben alle Hoffnung auf eine neue Zweisamkeit zum Teufel gehen, er müsse Prioritäten setzen, es ginge nicht anders. Du bist viel altmodischer als ich oder du bist eben ein richtiger Mann, sage ich:

Ich habe immer mein Ziel im Auge gehabt, Studium und Schreiben, ich habe Kinder gemocht auf Abstand, ich wollte keine Puppen, als ich junge Frau war, gab ich offen auf die Fragen der Umwelt zurück, ich wollte keine Kinder, weil ich das, was ich täte, nicht verknappen könnte, es sei ein vernünftiger Egoismus um der Arbeit willen, die ich wollte, die ich liebe, ich kenne mich, ich lüge nicht, man solle mich lassen. Und alle Freunde, alle Partner hätten diese Offenheit von mir erfahren. Mein Mann spielte in der ganzen langen Ehe den Einverstandenen, aber hinterrücks äußerte er sich sentimental, alle Weiber – pardon, so nenne ich die Schar derjenigen, die ihn erpresserisch trösteten – machte er damit weich. Ich ahnte nichts, wiegte mich in dem Gedanken, daß ich verstanden würde. So sei das gewesen. Und seine, Martins, Probleme respektierte ich, weil er offenbar nicht so wie ich in der Arbeit lebe und weil er Familie hatte haben wollen, immer. Gut so. Besser als meine Eigenwege, obwohl ich niemals anders denken und handeln würde. Biologie helfe da nicht zur Erklärung, das käme eben aus anderen Bezirken meiner selbst – auf die Gefahr hin, daß man mich für unweiblich hielte oder überemanzipiert – ach mein Gott, ich kannte solche Feinheiten und Anschauungen und Lebenskämpfe noch gar nicht, als ich mich in meinen Reaktionen und Wünschen entwickelte, sozusagen in geheimer Front gegen die Zeit der Mütter, die Hitler bis zur sentimentalen Übergröße kultivierte. Aber genug. Ja, sagte Martin, genug, er schätze meine Offenheit und in solchem Vertrauen käme er sich mir gegenüber auch nicht rückständig vor, sondern eben nur anders, wenn er die Kinder und den Kontakt zu ihnen über alles stellte und eben Marlies wieder, wie er sagte, „am Rhein“ ließe.

SCHAUKELN

Renate Liebermann ruft manchmal an, von weither, sie denkt rührend an mich, an Martin, sie fühlt sich in ihrer Natur allen Menschen verbunden wie eine moralisierende Muttergöttin, beschützend und unerbittlich Auskünfte einholend, damit sie raten, helfen könnte. Was soll ich ihr denn sagen, wenn sie von der Ehe als der besten und stützendsten Lebensform spricht und dies mit leisem Bedauern mir gegenüber, mit freundlichem Lauern Martin gegenüber. Wir sind ihr nicht geheuer, unsere Freiheit möchte sie einfangen. Sie möchte Martin eine neue Frau verschaffen oder mindestens hören, daß ich mich mit Martin öfter treffe, daß wir die Sonntage zusammen verbringen, daß wir öfter zusammen reisen, daß wir uns mögen, Alter spielt keine Rolle, wir paßten so gut zusammen, wir seien so grundsympathisch. Sind wir das? fragt mich Martin. Ich male ihm mit Worten ein Bild: Wir schaukeln zwischen Ja und Nein unseres uns in den Bedingungen und Freiheiten und Zwängen aufgedrängten Lebens. Wir sind im Schaukeln stabil geworden. Zug der Zeit? Ehen, von diesem Zug gekennzeichnet? „Es ist die Generation der Kriegsteilnehmer," sagte mir ein Professor, als er vom Scheitern meiner langen Ehe erfuhr, „diese Männer brechen eines Tages aus dem Zeit-Korsett, aus allem wieder Angeeigneten..." „Es ist die Generation der Frauen im Umbruch zu einem neuen Selbstgefühl," sagte der Rechtsanwalt zu Martin im Verlaufe der Scheidungsmodalitäten, „sie brechen aus dem Korsett, das ihnen nicht mehr paßt, aber nach weiblicher Manier lassen sie sich längst ein neues anpassen, sie merken es erst, wenn es zu spät ist. Beruf zum Beispiel und Vorspielen einer Solo-Existenz, die sie gar nicht wollen, zumeist nicht wollen..."

Auf dem „zumeist“ liegt der Akzent: Mich trifft er nicht oder nur ganz wenig. Martin trifft er sehr für den männlichen Part, aber das ganz wenige Andere hat die letzten Jahre so mitgeprägt, daß Martin nicht mehr zurück kann.

Ich werde alleine bleiben, sagt Martin, auch wenn die Kinder ganz erwachsen sind. Ich schmiege mich nicht mehr an...

Ich muß alleine bleiben, sage ich, mir paßt der Glaube an das Unglaubliche, an die Eintracht von Schein und Sein, nicht mehr. Das Einmaleins stimmt nur bedingt: Eins und eins ist rechnerisch zwei. Eins und eins bleibt menschlich eins und eins, besondere Glücksrechner und Glücksfiguren des Daseins ausgenommen.

Ich rufe Martin an: Per Zufall errang ich Karten für eine Gala-Aufführung von „Lohengrin“. Wollen wir hin, zusammen? Die überzeugende Pseudomagie dieser Ehe wird uns anregen, hinterher genüßlich für uns zu bleiben, sagt Martin. Seine Stimme klingt angenehm auf Abstand.

II.

Der zweite Zwerg

Abends ruft Marja an. Ich habe es erwartet. Wo bist du denn nur abgeblieben, fragt sie, wir waren doch noch in gutem Gedenken an Karl alle zusammen, ich bin eben erst nach Hause gekommen, ach in das leere Haus... Die Pause, da sie weint, läßt mich meine Antwort, wie ich sie schon innerlich mir zurechtlegte, als häßliche Lüge ohne Reue formulieren. Mir war nicht gut, sage ich, da bin ich, noch während der Pfarrer am Grabe sprach, gegangen, bin nach Hause gefahren, habe mich hingelegt. Ist dir jetzt wieder besser? fragt Marja besorgt. Viel besser, sage ich. Wir haben ja gar nicht mehr verstanden, was der Pfarrer sagte, die Demonstranten schrien so laut draußen, es ist schlimm mit diesem Friedhof so dicht an der Hauptstraße, so dicht auch an der Bahnstrecke. Der Lärm stört immer, aber nun auch noch diese Demonstration mit ihrem Gebrüll nach mehr Lohn... Marja ist ein gütiger Mensch, aber die Ordnung und die Reibungslosigkeit von allem Alltag, dem Dasein und seinen Vorgängen, beherrschen ihre Ansichten, sie ist der generationsalten Verbundenheit mit dem Beamtenstand ihrer Familie verschrieben und wäre entsetzt, würde man ihr dies als Enge auslegen. Ich sage deshalb auch nur „Jaja" zu ihren Worten und verspreche ihr, mich zu schonen und abzuschalten. Es war alles zuviel, jaja...

Das Bild von Karl, das sie mir schenkte, lächelt mich an. Dieses freundliche, aus seinen besten Jahren stammende Bild. So sah Karl damals im Gebirge aus, als wir stramm wanderten und er mit mir vorausschritt, ringsum die Alpenlandschaft mit den Augen fassend in einer spürbaren Sehnsucht nach seiner schlesischen Heimat. Er sprach wie zu sich selbst: „Dabei mußte ich damals zu allen Jahreszeiten für unseren armen Tisch und Herd helfen, Beeren habe ich gesammelt, Kleinholz noch und noch, sozusagen ohne aufzublicken, aber ich wurde von allem getragen, weißt du..." Und dann lächelte er und blieb stehen, sah mich an, sagte: „Einmal wollte ich zu was kommen ohne Beeren oder Kleinholz, einmal rebellierte ich, aber es nützte nichts. Wir führten in der Volksschule „Schneewittchen" auf und ich wurde zum „zweiten Zwerg" bestimmt, das heißt, ich hatte vorzutreten, als Schneewittchen bei der Zwergenschar Aufnahme fand, ich hatte zu sagen „wir werden dich beschützen, wir haben dich alle sehr gern" ! Diese Aufführung kostete in der Vorbereitung und bei wiederholter Wiedergabe viel Zeit. Ich konnte den Eltern nicht helfen wie sonst, ich war glücklich und unglücklich zugleich. Wir bekamen jeder für jede Aufführung fünf Pfennige. Die legte ich zuhause auf den Tisch. Ich sah nicht hin und es traf mich doch, die meisten Zwerge und auch die Stiefmutter, der Prinz, alle kauften sich nach geleisteter Theaterarbeit, wenn ich das so nennen darf, was für das Geld, meistens Bonbons. Ich träumte von einer Zuckerschnecke. Die sah ich immer liegen, wenn ich Brot für uns zuhause kaufte, meistens auf Pump, auf Anschreiben bis zum Wochenende, wo Vater seinen kargen Lohn hinlegte und Mutter alles mühsam einteilte. Und nachdem es mit dem Zwergendienst noch immer kein Ende nahm, faßte ich mir ein Herz. Male dir aus, was es mich kostete, die andern zu überreden zum Mitmachen. Denen war das schließlich nur ein Spaß, mitzugehen zum Lehrer und stumm gespannt zu nicken, als ich sagte, wir müßten doch eigentlich jeder einen Groschen bekommen, weil wir ja so lange schon Zwerge wären. Mir wurde bei meiner Frage die Kehle eng, aber ich dachte an die süße Schnecke, es war wie ein Zwang! Der Lehrer sah auf mich herunter, zauste dann mein Haar, sagte kurz: Fünf Pfennige sind genug! Er ließ mich stehen, die andern trollten sich. Es blieb alles beim Alten. Ich habe das aber nie vergessen. Ich esse immer wieder nachmittags eine Zuckerschnecke, zu Marjas Belustigung. Aber manchmal wird sie auch verlegen bei meiner Sucht nach süßen Schnecken. Sie hört meine Geschichte von mir als zweitem Zwerg nicht gern. Das scheint ihr eine Legende aus einem andern Leben von mir. Ein Professor, der sich Zuckerschnecken kauft – kurios, aber ich kann nicht anders, es ist mir geblieben, es ist eine Art Genugtuung für mich. Kindisch, ich weiß..."

Der Pfarrer hatte ein freundlich angenehmes Gesicht, alle Trauergäste standen ihm zugewandt und sahen auf ihn, auf seine Mundbewegungen. Denn man verstand kein Wort, die Demonstranten waren zu laut, es war ein langer Zug auf der Straße. Und da fiel mir Karls Aufbegehren als zweiter Zwerg ein und daß diese Szene hier bei seinem heimwehstillen Humor, den er lebenslang behalten hatte, vielleicht seine Seele irgendwo da oben über uns mehr rührte als die Rede des Pfarrers, die nicht mehr zu hören war. Da ging ich weg. Ich paßte den Zug der Demonstranten ab und ging über den Damm zu der Konditorei. Als ich eintrat, sah ich im Nebenraum alles gedeckt für eine Kaffeegesellschaft. Die Bedienung sah meine dunkle Kleidung und fragte, ob die Trauergesellschaft jetzt wohl käme, es sei alles bereit. Ich tat fremd, zuckte die Achseln, zeigte auf eine Zuckerschnecke, die da noch lag und meinte, ich nähme sie gleich in die Hand. Die Bedienung sah mich unsicher an, gab mir das Gebäck, meinte, die Schulkinder kauften diese

Schnecken immer weg, was sie nur daran hätten, sie seien ja alle verwöhnt, aber diese Schnecken müßten für sie immer da sein, weiß der Himmel, weshalb... Jaja, weiß der Himmel! Ich zahlte fünfundachtzig Pfennige, sozusagen den Aufpreis der Zeit, seitdem der zweite Zwerg von solcher Schnecke geträumt hatte und dies vergeblich. Ich machte mich davon, ging zum Friedhof zurück, dort an der Mauer entlang bis zu einem Nebeneingang. Da fand ich eine Bank vor ziemlich verfallenen Gräbern. Ich setzte mich und aß langsam das Gebäck, rollte die Schnecke auf, dachte an den zweiten Zwerg und seine vergebliche Rebellion. Der Professor aus Schlesien, hierher verschlagen und ganz aus eigener Kraft zu Ansehen und auch Geld gekommen, ihm mochte man zum Abschied von der Erde alle Ehre antun. Ich blieb traurig wach. Ich sagte lautlos über den Kiesweg: Die Zeit dreht sich im Kreis, die zweiten Zwerge stehen wieder auf und es bleibt sehr ungewiß, ob sie was erreichen werden! Ein Spatz äugte mich zwischen zwei Gräbern an. Ich krümelte ihm was von meiner Schnecke hin. Mir war elend nachdenklich. So bedacht, habe ich Marja gar nichts vorgelogen.

Deckung!

Das muß jetzt mal ein Ende haben, sagt sich Mönsch und widmet sich heftiger der feinen Glättung des Holzes. Aber er weiß, Bastian ist hartnäckig und was ihm gefällt, das will er nicht aufgeben.

„Onkel Mönsch, komm in Deckung! Es geht los..." Schon rennt der Junge um die Ecke und steht im Nachmittagslicht des Scheuneneingangs. Es wird nicht mehr allzu lange um diese Zeit warm und hell genug sein hier draußen, es weht schon herbstlich über die Wiese.

„Nein," sagt der große dicke Mann, als ihm Bastian gegen den Bauch rennt, nicht gerade spielerisch, aber es ist auszuhalten, „nein, wir hören damit auf. Es kommt niemand mehr, die haben sich alle verzogen!"

Bastian sieht an ihm hoch, ein bißchen schielt er, aber es paßt zu seinem aufgeweckten Gesicht. „Ist nicht wahr," flüstert der Junge, „komm in Deckung, wo hast du den Prügel, wir müssen aufpassen, die kommen immer wieder, bis sie das kriegen, was sie wollen!"

Mönsch holt die Halbmeterlatte, aus der er mal zwei sich auffächernde Halme schnitzen wollte, aber Bastian brauchte eine Waffe gegen die „Angreifer". Vier Jahre ist das her – es wird Zeit, dieses Spiel mit dem Zehnjährigen jetzt abzubrechen, aber Bastian scheint die Sache, je älter er wird, umso mehr zu gefallen, während Mönsch ein Unbehagen aufsteigt, er weiß nicht, weshalb.

„Heute vertreiben wir sie ein für allemal," ruft Mönsch und duckt sich hinter den großen Hobeltisch, zieht Bastian nach, sie fühlen sich gegenseitig, ihr Atem steht in der Luft. „Spannend", flüstert Bastian nach dem eingeführten Ritus. Jetzt muß Mönsch zurückflüstern „Deckung!" und dann müssen sie sich auf die Erde legen. Das fällt dem großen dicken Mann schwer und er steht plötzlich auf und schüttelt den Kopf: „Ich sag dir ja, die kommen nicht mehr!" Bastian bleibt hocken, er dreht die Latte hin und her und flüstert: „Die wollen deinen Killer-Orden mit den Brillanten!" Mönsch überspielt seine Überraschung und wirft hin: „Was sagst du da für einen Blödsinn!" Bastian schielt munter gegen Mönschs Bauch und antwortet: „Mein Vater sagt, den hast du verdient, weil du aufgepaßt hast und schneller warst als die andern, die angegriffen haben. Du hast die umgebracht und dir das verdient und es ist viel wert und die kommen jetzt und wollen es von dir haben und wenn wir in Deckung gehen, kriegen sie den Orden nicht und uns nicht und gar nichts..." „Gut," sagt Mönsch und kämpft mit dem besseren Wissen, das er immer all die Jahre hier draußen hatte: Bastians Vater, der Bauer, der kaum noch einer ist und Stück für Stück von den Äckern teuer verkauft für Lagerhäusererstellungen des immer näher rückenden Industriegebiets der immer näherrückenden Stadt, läßt ihn hier gegen keine geringe Miete in der riesigen Scheune seine kühnen Holzplastiken ausarbeiten, aber er liest aufmerksam den Lokalteil der Zeitung und hat Mönsch nicht umsonst mitfühlend die Hand gedrückt, als der große Landespreis an einen anderen Künstler ging. Es war deutlich zu lesen, daß dieser namhafte Bildhauer Wilhelm Mönsch kein Künstler nur war, sondern ein Mann mit Vergangenheit, in sehr jungen Jahren ehemals ausgezeichnet mit dem Ritterkreuz mit Brillanten. Wer hatte das schon bekommen – nur die ganz großen Kampfhunde Da sitzen sie hinter dem Hobeltisch und blinzeln und es riecht wunderbar süßherb nach dem Holz, es ist ganz still, man wird müde davon. Aber das kommt nicht aus dieser Stunde. „Hast du ihn hier, zeigst du ihn mir, funkelt er, bist du reich damit?" Bastians Kopf wirkt so fast am Boden unkindlich fratzenhaft. Mönsch fühlt den Wunsch aufkommen, ein Schnitzmesser zu nehmen, zu verändern... was für eine Deckung mit Worten, was für ein Versteckspiel an Beherrschung! Mönsch will antworten, da wetzt Bastian davon, geradewegs zum Scheuneneingang, auf den schnellen schlanken Schatten zu, der sich da zeigt. Bastians Vater schiebt den Jungen weg, auf das noch in Sonne liegende Feldstück, Mönsch hört ihn sagen „geh mal ins Haus, geh zum Essen". Bastian winkt zurück. Er schreit nochmal „Deckung", aber er trollt folgsam davon. Sein Vater versteht keinen Spaß. Keinen Spaß und kein Spiel. Er geht auf den sich mühsam erhebenden Mönsch zu und nickt: „Unsinn muß sein, was?" Er sieht sich um, sieht die hölzernen säulenartigen Plastiken, von denen jede etwas von Nacktheit und Fantasie zugleich an sich hat in den einzelnen Windungen, herausgearbeiteten Linien und Mustern. „Ja, die Dinge brauchen Platz," sagt Bauer Tillmann und setzt sich dann locker auf einen der herumstehenden, unbehauenden Klötze. „Wär schade, wenn Sie hier räumen müßten," sagt er und schielt ein bißchen wie Bastian, aber das scheint nur so. Mönsch gleitet aus dem Augenblick. Ihm ist wie vor langen Jahrzehnten im Graben, als er blutjung und zum Befehlen kommandiert zu den ihn umgebenden Leuten vom Trupp flüsterte: „Achtung, erst rühren, wenn ich die Hand hebe, dann hier raus!" Tillmann fährt fort: „Ich habe ein Angebot, Firma Schuh-

Appel. Können Sie ruhig wissen. Die würden hier gern ein Außenlager mieten, die alte Scheune kann ja leicht noch isoliert werden gegen Kälte, wenn man das hier reinstecken will. Könnten Sie auch überlegen, wenn Sie sie kaufen wollen. An Gelände kommen nur etwa jeweils zwölf Quadratmeter im Geviert rundherum in Frage. Gelände ist teuer und kann noch anders genutzt werden, na Sie wissen ja..." Mönsch schüttelt den Kopf: „Ich weiß nichts und kaufen kann ich nicht." Der Bauer lacht wie am Stammtisch: „Bei Ihrem Namen, bei Ihrem Fleiß." Mönsch sagt leise: „Das verkauft sich nicht so leicht. Meine Freiheit für diese Arbeit bezahle ich mit strengen Einteilungen meiner Einkünfte." Ich rede wie ein Beamter, denkt Mönsch und nun grinst Tillmann nur und meint seinerseits und lauernd leiser: „Aber Sie könnten ja was springen lassen, Sie haben doch was auf der Tasche? Es geht mich ja nichts an, ich meine nur, ich denke ja an die schönen Sachen hier..." Mönsch zuckt die Achseln, es sieht bei ihm ungeschickt, hilflos aus: „Ich wüßte nicht...und wenn Sie meinen, was da Bastian vorhin beim Spielen..." „Soldatenspiele, das können Sie ja," unterbricht Tillmann schnell, „und ich meine tatsächlich diesen Soldatenorden..." „Ritterkreuz," ergänzt Mönsch nun laut, „Ritterkreuz mit Brillanten, erhalten im Osten für einen gelungenen strategisch wichtigen Spähtrupp, ich war vierundzwanzig, es gab damals nichts als verteidigen oder verrecken, heute gar nicht mehr nachvollziehbar..." (So steht es in einschlägigen Biographien, was soll das, was rede ich!) Aber Tillmann pariert glänzend, er ruft: „Kaufen oder räumen, auch so ein springender Punkt!" Mönsch dreht sich einmal um sich selbst. Ich bin nach dem Überleben ausgeschert und fand zum Holz wie zu einem neuen Halt, aber das ist hier nicht mitzuteilen, obwohl dieser Bauer ja auch ausscherte, nur andersherum, vom Boden zum Geld... „Dreißigtausend," sagt Tillmann nun knapp und atmet aus und hockt da und sieht sich um. Er spielt mit dem aufgegriffenen Holzstück, dem „Gewehr" von Bastian. Mönsch bemerkt: „Ich habe da mit Bastian keine Soldatenspiele getrieben, wir haben immer Räuber verjagt, alle Jungen wollen in einem bestimmten Alter Räuber verjagen..." „Ihr Räuber-Orden" (Mein Gott, dieser Tillmann ist nicht dumm!) „der ist für Liebhaber doch mindestens zehntausend wert und Bankkredit würden Sie doch bei den Arbeiten hier" (jetzt wird er sachlich, das ist gefährlich!)„ganz sicherlich bekommen."

Draußen ist es graugelbfad-abendlich, es weht kalt herein. Mönsch spürt seine dicke Gestalt wie einen niederziehenden Sack, er wird so müde, daß er sich an die große Hobeltischseite lehnt, daß die ein bißchen wegrutscht. Tillmanns Gestalt wirkt im Sitzen gespannt, jung, hell. „Einmal muß ja ein Schnitt gemacht werden," sagt Mönsch, „einmal weiß man, wie alt man ist und wie die Zeit wegrinnt und was bleiben wird, nämlich kaum was. Ein paar Katalogseiten als Auskunft über viel Holz und Hauerei..." „Nana," macht Tillmann und dreht was Unsichtbares zwischen seinen Fingern. Dann springt er auf, federnd, rasch. „Ich muß auch zum Essen," sagt er, „kommen Sie mit rüber? Dann könnte man..." Mönsch schüttelt den Kopf: „Ich räume hier noch auf." „Ich hab den Schuh-Fritzen gesagt, sie kriegen Anfang nächster Woche Bescheid. Das reicht Ihnen doch?" „Das reicht," nickt Mönsch. Der Schatten Tillmann verwischt mit dem Dunklerwerden ringsum. Die Holzsäulen stehen da wie matte Speere. Mönsch steht zwischen ihnen. Er hat lange nicht mehr geraucht. Der Hobeltisch hat ein flaches Schubfach aus der Zeit, als er noch kein

Hobeltisch war. Mönsch ertastet alles ruhig, fast vorsichtig. Als die Zigarette aufglimmt, zieht er nicht an ihr, wartet, bis sich die Spitze sehr langsam rotfärbt. Er behält sie zwischen den Fingern, die stärker brennende Zigarette, als er durch die Scheune geht. Er weiß noch nicht, was er tun wird, was hier weiter geschehen wird. Wenn ich ins Bett muß, hat Bastian neulich erst zu ihm gesagt, dann denk ich an dich, Onkel Mönsch, dann zieh ich mir das Kissen über den Kopf und rufe „Deckung". Die unten in der Küche hören das ja nicht, die meckern immer über unsere Spiele. Was wissen die schon von Räubern...

Der neue Aslak

Die Hitze stieg schon am Vormittag. Der Weg vom Kaufmarkt zurück zum Haus war kurz, aber sie kam mit der Tasche nur langsam vorwärts. Das Kind stieß im Bauch herum, Lotte wußte durch die sorgsame Voruntersuchung, es würde ein Junge. Endlich der Wilfried, hatte Fritz gesagt, zu den Mädchen endlich der Wilfried!

Der Garten lag still im Halbschatten. Aslak mochte sich irgendwo ausgestreckt haben, aber sein weißes dickes Fell leuchtete nirgends hervor. Lotte setzte sich auf einen Terrassenstuhl. Eine Hand legte sich auf ihre Schulter. Die Mutter sagte: „Fritz war schon hier, er konnte das gleich erledigen. Erschrick nicht, die Kinder wissen es noch gar nicht, sie kritzeln in der Küche, da ist es schön kühl. Fritz hat ihn gleich weggefahren. Er ist einfach umgefallen und atmete aus, dein Aslak." „So," murmelte Lotte, dann gab sie sich Mühe, deutlich und laut zu bemerken: „Einmal mußte das ja nun kommen. Nach zwölf Jahren." „Er hatte es gut bei uns, gewöhnlich wird ja ein Husky nicht so alt hier. Und es soll vielleicht jetzt gerade so sein. Er war ja nur noch müde." Mit diesen Worten ging die Mutter wieder ins Haus. Seit zwei Wochen kochte sie für alle, „bis alles wieder normal laufen würde", wie sie betonte. Bis Wilfried da wäre, jawohl!

Fritz kam natürlich später zu Tisch, er gab sich behutsam, er erzählte den Kindern ganz einfach, Aslak sei in den Hundehimmel gerannt, da sei es so schön, er käme nicht zurück. „Konnte der denn noch rennen?" fragte Maren.

Die Schwestern waren für solche Beobachtungen noch zu klein. Sie hatten viele Stofftiere. Aslak, das größte ihrer Wuscheltiere, bei der Hitze roch sein Fell schweißig. „Er wird im Himmel baden," sagte Karen. So klein und schon so praktische Gedanken, Erbe von Fritz!

Fritz kam, bevor er wieder ins Finanzamt fuhr, nochmal zu Lotte, setzte sich ans Couchende, klopfte ihre dickliche Hand: „Ist doch besser, bei den Kindern ist so ein Hund nicht ungefährlich mit dem dicken Fell. Und wie gut, daß ich ihn gleich wegbringen konnte!" Er küßte Lotte auf die feuchte Stirn. Lotte dachte beim Einschlafen: Abdeckerei. Städtische Abdeckerei. Er regelte das alles, man kennt ihn ja von seiner Dienststelle. Alles bestens geklärt und gelöst. Ich habe den besten Mann. Er ist verläßlich, treu, häuslich, kinderlieb, ein Muster... ein Muster...

Sie fuhr auf und begriff nicht gleich, daß sie hier war im abgedunkelten Zimmer, in der Kühle, dick nicht nur in ihrem jetzigen Zustand. Ein Bild hing da neben dem Fernseher: Lotte mit ihren drei Mädchen Maren, Karen, Ingrid. Lotte ziemlich rund im Gartenkleid, das reinste frauliche Behagen, Fritzens „Liebstes Bild"! Sie aber meinte, eben noch in der Ledermontur hinter dem dahinjagenden Aslak auf dem Schlitten zu sitzen. Gejohle, Siegesgeschrei, der begehrte Preis. Aslak und sie, außer Atem, schneekalt beide. Und zuhause dann noch im Garten weitertobend trotz Müdigkeit, wie besessen, ihre schwarze Ledermontur an das weiße Hundefell geschmiegt. Aslaks Augen, blauschillernd, eine Ferne lag in ihnen, die ließ das Büro vergessen, die gleichaltrigen sogenannten Freundinnen. Sie wußte schon, weshalb sie sich diesen Schlittenhund hier am Rande der Großstadt gewünscht hatte. Extravagant, lächelte der beamtische Vater. Die Mutter lächelte ihm zu: Irgendwann gibt sich das!

Preise von den Hunderennen, immer wieder sie und Aslak, das Leder-Fell-Paar, sie schlank, er schnell, zufrieden ohne mehr als dies zu wollen, lange Winter, Schneegetobe im Garten, jahrelang! Aslak keucht, wenn er daliegt, stellte eines Tages der Vater fest, er sollte diese Rennen nicht mehr mitmachen, sein Herz... Und Lotte hatte Fritz kennengelernt. Er mochte keine Lederhosen, er sah sie gern in Röcken, er saß gern mal mit ihr im Café, er hatte feste Vorstellungen von der Ehe. Wenn Fritz sie besuchte, lag Aslak im Sommer unter dem Wildflieder, im Winter im Schnee. Seine blauen Augen blinzelten zu Lotte hin. Später schlief er und keuchte dabei, als liefe er im Traum. Ein Jahr, dann hatte Aslak Fritz „als Herrchen" und ging sonntags bei Fuß im Park spazieren. Er sah Lotte zeitweilig von der Seite an. Die Kinder, die bald hintereinander kamen, ließ er gewähren, wenn sie ihn zausten, ja auf ihm krabbelten. „Opa Aslak", sagte Lottes Vater und nickte Fritz zu. Die Mutter warf einmal auf der Terrasse, als sie alle Kaffee tranken, mit Blick auf den Hund hin: „Er wird zu dick." „Ich auch," sagte Lotte. Fritz tätschelte sie: „Das ist so mütterlich!"

Einmal vor Weihnachten, als sie spät noch beim Plätzchenbacken hantierte, sah Lotte den Hund draußen im Schnee im Kreis rennen, daß es weiß um ihn wirbelte. Sie rannte hinaus, sie umhalste ihn, er hielt still, kalt und behaglich zugleich schien ihr sein Fell, seine Augen waren ganz groß und er leckte ihre Hand. „Was sind wir gerannt, was sind wir allem davongerannt," flüsterte Lotte gegen seine fuchspelzigen Ohren.

Während sich Wilfried wieder in ihrem Leib rührte, hatte Lotte nach dem Aufstehen den Schrank geöffnet und die

Ledermontur befühlt. Beim Kaffeetrinken sagte sie dann zu ihrer Mutter: „Ich gebe das Lederzeug, das mir ja nie mehr passen wird, in die nächste Kleidersammlung." „Du könntest auch eine Anzeige aufgeben und das Zeug noch verkaufen, es ist ja nicht abgetragen," schlug die Mutter vor. Das Zeug –. „Mal sehen," schloß Lotte ab. Das Zeug – es blieb im Schrank hängen.

Wilfried macht die Familie komplett, war die Meinung aller. Die drei Schwestern eiferten, dem Schreihals zu dienen, damit er friedlicher würde. Fritz beobachtete das und nickte Lotte zu. Sie müßte eines ihrer Kleider weitermachen, dabei aß sie nicht zuviel.

Fast ein Jahr verging, da sprang Lotte, als sie vom Kaufmarkt kam, ein scheckig wolliges Bündel entgegen, es hatte kleine Fuchsohren, seine Augen schillerten blau. Fritz hatte Wilfried auf dem Arm, noch kochte die Mutter ab und zu, der Tisch war gedeckt. Mittagspause – und der Mustermann zeigte auf das bellende Kerlchen, das in seinem Fell wie ein Schneeball herumkugelte: „Der neue Aslak," sagte Fritz und ließ Wilfried winken, „sowas gehört ja doch dazu, damit du wieder ganz zufrieden bist!" Er lächelte Lotte an, und sie lächelte verlegen zurück, weil sie zuinnerst ohne Regung blieb. Sie sah das Gesicht von Fritz in der Gartensonne wie eines der Plakatgesichter in der Stadt, darunter stand gelb auf hellblauem Grund „Werde Beamter, da weißt du, was du tust für deine Stadt"! Für die Familie, für Maren, Karen, Ingrid, Wilfried, Lotte – sie lachte los, es kamen ihr die Tränen. Sie mußte sich hinsetzen, ihr wurde schwindelig. Der neue Aslak und vielleicht auch ein Brüderchen dem Wilfried, dachte sie und mußte ins Haus und erbrach schon vor der Küche. Die Mutter faßte sie um, führte sie ins Bad, machte sie sauber und sagte leise: „Jetzt sollte aber Schluß sein. Ihr seid genug. Die Arbeit mit dem neuen Aslak werde ich haben, du wirst ja wieder dazu lange nicht mehr fähig sein..."

Der Hund folgte Lotte bald mit Aufmerksamkeit und einer Sanftheit, die wohl aus ihm selber kam. Als draußen Schnee lag, blieb er in der Diele. Nur seine blauen Augen wanderten herum. Einmal im nächsten Sommer, als Lotte schon unbeholfen übers Gartengras ging, Maren war im ersten Schuljahr, die beiden Schwestern besuchten den Kindergarten, Wilfried spielte bei der Mutter in der Küche, rannte Aslak plötzlich wie wild los und verschwand unterm Wildflieder. Er kam auch nicht auf Lottes Rufen. Aber das wiederholte sich nicht. Zumeist ging er bei Fuß oder lag mit halbgeschlossenen Blauaugen da. Er sah auch nicht zu ihr hin, als Lotte einmal im Herbst, als es stürmte und pfiff ums Haus und die Diele dämmerig war und alles Mittagsschlaf hielt, sich zu ihm beugte. „Wie brav wir sind, wie gut es uns geht", sagte sie. Sie annoncierte und verkaufte vor Advent die Ledermontur zu einem sehr guten Preis.

Lena singt

Heute proben wir zum letzten Mal, sagt sie. Morgen ist hier alles voller Zuhörer, jeder Stuhl besetzt, alle freuen sich auf unsern Gesang. Das sagt sie lächelnd, sie sieht so hübsch aus mit ihrem schwarzen glatten Haar und dem hellgrünen Kleid. Falsche Pflanze, möchte ich ihr zurufen. Aber ich werde mich hüten. Dann stiehlt sie mir noch mehr.

Die andern recken sich und drehen ihre Augen zu ihr hin, sie spielen die Gehorsamen. Sie haben es leicht, ihnen wird ja nichts weggenommen. Jedes Mal, wenn wir hierherkamen, habe ich mich gefragt, weshalb sie das gerade mir antut. Aber vielleicht ist es mein weißes Haar. Schwarz und weiß, das bekriegt sich. So wird es sein.

Jetzt hebt sie wieder die Arme, es sieht hübsch aus wie alles, was sie tut. Die rechte Hand schlägt in die Luft, und dann singen wir los. Ich kann den Text im Schlaf. Aber wenn alle singen, weiß ich gar nichts mehr. Ihre Hand wischt einfach die Worte aus. Was wir singen, verstehe ich nicht, es ist ein Holalaluho – ich bewege den Mund mit, mehr gelingt nicht. Sie hat es ja schon wieder getan. Immer tut sie es gleich mit mir, wenn ihre rechte Hand in die Luft schlägt. Eben hatte ich noch meine Stimme, eben konnte ich noch mitsingen, ich weiß es ganz genau. Und nun – ihre rechte Hand hat meine Stimme gefangen in der Luft, ihre rechte Hand rollt sich zusammen, die Arme wedeln hin und her, ihre rechte Hand hält das Gestohlene, hält meinen Ton, dabei sehen mich ihre Augen, diese schwarzen Augen, fest an. Schwarz gegen Grau. Meine Augen sind grau. Das steht in meinem Ausweis. Das hab ich mal gelesen über mich und meine Größe dazu und mein Alter. Körperlich erfreulich gesund für die sechzig Jahre, hat Dr. Seurer gesagt. Das habe ich mir gemerkt. Vielleicht ist sie neidisch. Um ihre Augen stehen schon Falten, dabei sagt jeder „diese junge Frau Doktor“. Ich sage das nicht. Falsche Pflanze, schwarz und süß und eine Diebin. Wo ist meine Stimme, wo ist mein Ton. Holalaluho – singt nur, sie lächelt, sie wedelt mit den Armen, ich bewege die Lippen, alle denken, ich singe mit. Aber sie, sie weiß es besser, sie hält ja meine Stimme fest. Und das dauert heute lange, weil wir ja alles morgen können müssen. Ich habe Angst vor dem Weg zurück in unser Zimmer. Die vielen Gänge, und sie winkt uns nach, mit beiden Händen. Sie wirft mir meine Stimme wieder zurück, durch die Luft. Falsche Pflanze. Niemand merkt was. Ich lache laut. Ich höre mich. Ich könnte jetzt singen, jawohl, aber nun ist ja alles zuende, hier im Gang müssen wir ruhig sein. Der Schlaf tut gut, das ahne ich. Ich bin müde vom Aufpassen. Schwarz und Weiß. Das geht nicht friedlich aus. Ich hätte es ihr heute ins Gesicht schreien müssen, sicher hätte ich es gekonnt. Wenn ich nur nicht so müde wäre... Na, das wird ja morgen eine spannende Sache mit Ihrem Chor, Kollegin!

Ich bin selber neugierig, Doktor Seurer. Lange genug haben wir ja das Lied geprobt. Eine Strophe, rauf und runter mit der Tonleiter, das haftet doch: „Freude hab'n wir heute...“

Es könnte Eindruck machen. Eigentlich hat das mit den Kranken noch niemand so probiert.

Ich bin sicher, so ein Ziel ist mal gut, Musik auch auf dieser Stufe befreit...

Alles klingt bei dem Gesang ein bißchen japanisch, katzenharmonisch...oder lästere ich da?

Überinterpretieren Sie nicht, lieber Doktor Seurer. Es dauert ja nicht lange, es wird zu ertragen sein, garantieren kann ich natürlich für nichts. Ein Versuch, eine kleine singende Gemeinschaft als Beitrag zur Feier und zum Geburtstag, ein Ständchen dem Klinikchef.

Wer Ohren hat zu hören, der hüte sie morgen!

Lästern Sie nicht!

Ich bin einfach neugierig und wünsche Ihnen Gelingen!

Keiner darf heute eine Schürze tragen. Wir sehen alle mit unsern Kleidern aus wie Sonntag und Kirche. Sie hat sich ihre Haare sicher extra gewaschen, die glänzen so glatt. Und heute hat sie ein weißes Kleid an. Spott, sie will mich verspotten, weshalb merken das die andern nicht! Ich bin dicker geworden, sagt die Schwester Anni. Und es paßt mir von den Kleidern, die ich habe, nur noch das Weite Schwarze. Eigentlich ist es ein Kittel oder eine Schürze, so sieht es aus. Ich habe es all die Jahre hier nicht getragen. Vielleicht hat es meiner Mutter gehört. Alte Frauen tragen schwarz. Aber ich bin noch nicht alt, Doktor Seurer hat gesagt, meine Haut ist jung. Jawohl. Sie hat schon Falten um ihre Augen, die weiße Schlange, ja das ist sie heute. Und wie sie nun vor uns steht, wie sie lächelt! Draußen, als wir uns zum Einzug in den wirklich ganz vollen Saal aufstellten, hat sie gesagt: Es wird sicher gut, ihr singt sicher heute gut! Na, Ihre junge Kollegin traut sich und ihren Sorgenkindern ja was zu! Hoffentlich bleiben die alle bei den Reden friedlich und verlieren vor Ungeduld nicht ihre Töne!

Sie haben ja Fantasie! Wenn ich mir das vorstelle – bildhaft! Ich finde es trotzdem wichtig, daß mal die Patienten in so eine Feier aktiv einbezogen werden.

Aktiv – oh je, oh ja! Stammt dieses Lied nicht aus der Fibel für die erste Grundschulklasse?

Ich glaube. Na und -

Pst – es geht los! Die erste Festrede, möge sie kurz sein – Wir sitzen schon sehr lange und warten. Reden und Reden – es schläfert ein. Denen sollte sie mal die Stimme klauen, man kriegt ja Hunger bei soviel Reden! Und nun dankt der Chef, unser Direktor. Er ist noch nicht alt, er sieht gut aus. Meine Sechzig weniger zehn, so alt ist er. Blüte der Jahre und Leistung, hat einer von der Regierung gesagt. Was heißt das? Das muß mir Schwester Anni mal morgen erklären. Blüte! Bei uns steht so ein grüner Lackbaum, Gummibaum heißt er. Paßt zu den schwarzen Haaren, die heute so glänzen bei ihr, die jetzt winkt, daß wir aufstehen sollen und uns sammeln. Leise summt sie einen Ton für den Anfang und sieht uns lächelnd an, mich nicht. Mich übergeht sie heute. Sie hat ja schon, was sie will von mir, in ihrer Kehle sitzt mein Ton, mit dem sie summt. Also los, los. Ich kann ja nicht, mir tut der Hals weh, mein leerer Hals!

Mein Gott, Kollege, mußte das sein! Wie sich unsere ehrgeizige junge Kollegin abquält mit dieser Schar, wie sie jaulen, mühsam höre ich eine Melodie raus, Sie auch? Und zu laut, richtig, daß sie abwinkt, das Handzeichen verstehen sie offenbar. Und wir alle sind ja aufmerksam und höflich. Der Chef lächelt sein Johanneslächeln, er macht seinem Namen Ehre. Es wird gleich zuende sein, die eine Strophe genügt ja auch. Gutgemeint, das Gutgemeinte reicht, was wohl die Presse daraus machen wird. Pst – ja, ich bin schon ruhig. Aber was ist denn das? Ist das auch noch Programm?

Jetzt lächelt sie mich an, schüttelt die rechte Hand nach unten, alle werden leise, hören auf, merken es sicher, sie schüttelt was aus, sie läßt mit der Hand was fallen... Meinen Ton! Ich singe, ich kann singen, Freude-heute, ich singe es, es geht wie nicht aus mir, als wenn jemand innen bei mir eine Orgel dreht, hoch und höher singe ich, alle sehen mich an. Sie hat die Hände gefaltet, sie sieht schmächtig und hilflos aus. Jaja, ohne meinen Ton in der Hand kannst du nicht weiter, Schwarz gegen Weiß, sieh hin, hör zu! Freude-heute, jetzt klatschen alle, jetzt klatscht unser Chor, jetzt klatscht sie mit und lächelt mich an. Falsche Pflanze, aber nun halte ich sie in Schach, ich singe und höre nicht auf, es ist mein Recht, die ganzen Wochen wurde ich bestohlen. Freude-heute! Jawohl Freu-de heu-te, immerzu, immerzu...

Pressenotiz: Bei der Geburtstagsfeier in der Nervenklinik spielte sich eine beachtliche Szene ab. Eine junge Ärztin hatte ein einfaches Lied einstudiert mit sonst sehr schwierigen Patienten. Sie waren alle sehr bei der Sache, am Schluß kam ein Solo, das dann allerdings nicht aufhörte und Unruhe brachte. Aber zur Belebung der ja in den üblichen Bahnen verlaufenden Feier trug das durchaus bei. Freu-de heu-te! Ich singe das, wann ich will und wehe, wenn mich jemand hindert! Es ist so schön, wieder alles zu haben, jeden Ton. Vielleicht hat sie eine Mahnung bekommen. Denn nun sitzt sie manchmal still vor mir, sie schlägt nicht mehr die Luft, sie lächelt. An ihren hellgrünen Kittel gewöhne ich mich. Pflanze! Die Falschheit ist versteckt oder weg, das kriege ich noch raus. Schön, sagt sie manchmal zu mir. Ich bin nach dem Singen ganz herrlich müde, ich schlafe, wie ich hier nie vorher geschlafen habe. Ich will nicht mehr hier weg, ich kann singen, solange ich will. Ich singe zum Fenster hinaus. Da ist ein kleiner Hof mit ein paar Blumenkübeln. Die Blumen hören mir zu, sie sind ehrlich und leuchten bunt. Lena, fragt die Schwester Anni, bist du zufrieden? Ich singe, singe ich laut, Freude heute!

Gut, daß wir solche Feiern nicht oft haben, liebe Kollegin. Das Experiment ging ja noch mal glimpflich aus.

Falsch war das nicht. Ein Versuch, der Einblicke gibt. Das klingt ermunternd. Ich bin vorsichtig. Mal sehen, wie lange Lena singt! Jedenfalls hat unser Direktor einen Slogan. Ist er gut gelaunt, summt er „Freude-heute“. Das ist eine Analyse wert! Lieber nicht. Wir sind manchmal viel zu klug für Vorgänge um uns!

Novembernebel

Reinhold führte schon das Pferd heran. Da stieg der Journalist noch einmal aus dem Wagen, zückte die Kamera, rief: „Dies als Reserve, mit dem Titel „Wo berg ich mein Roß!“ Ehe Hannes antworten konnte, war das Auto bereits mit Tempo abgefahren. Der braune Hengst wieherte freudig, Reinhold sagte grinsend: „Wagner bis zuletzt, der Mann tötet einem beflissen den Nerv!“ Hannes nickte, aber er bemerkte beim gekonnten Aufsteigen: „Du weißt ja, Sänger werden ist schon schwer, Sänger bleiben umso mehr! Tönen ist Silber, Propaganda ist Gold!“

Hannes trabte davon, Reinhold winkte nach und auch Marja, die auf der schloßartigen Haustreppe stand, sehr eindrucksvoll, mit Isoldengebärde, dazu trug die kalte Gräue dieses Morgens bei. Der Journalist hatte den Abend mit ihnen verbracht, sehr bewußt, er wollte „des Sängers Ruh“ kennenlernen und „Zeit haben für vernünftige Fragen, so aus dem Grunde der Begegnung“! Gelungen, sagte sich Hannes, das war gelungen.

Er brachte den Hengst in Galopp. Die Felderfrische wehte um sie, der Wald kam auf sie zu, eine Wand, die zu durchstoßen war. Siegfrieds Morgenritt! Es wetzte vorbei, es drehte sich in Hannes, alles Bewegung, Leben, Fülle! Steile Karriere, entsprechender Besitz, verteilte Arbeit, die Familie, sprich Bruder Reinhold einbezogen, eine Frau aus dem gleichen Metier, Sopranistin von Rang, alles von Rang, alles voll Drang, den Rang zu halten, Gipfel und Tiefe, eine deutsche Ruhmesbahn im Sinne des Meisters, der Mythen reimte und leimte, daß man sich für oder gegen ihn und alles, was seine Kunst hieß, entscheiden mußte. Nie geahnte Erfüllungen in wenigen Jahren – und weiter und schneller, durch den Wald, durch die Gräue, zum Licht! Es mußte ja auch an diesem Morgen kommen, es sprach alles dafür, gerade diese Kälte, dieses Grau. Hannes begann unter der Lederjacke zu schwitzen. Recht so – man fühlt sich überquellen, man möchte schreien: Seht, das bin ich, jung und reich schon und auf Jahre gefragt, im Geschäft, aber in einem geradezu himmlischen. Kunst und Geld vereint, das gibt es, für Lieblinge der Götter gibt es das, hatte der Journalist ihm gestern zugeprostet.

Hannes ließ das Pferd in Trab fallen, sein Körper schaukelte wohlig mit dem Rücken des Hengstes. Sich erinnern: Hast du alles richtig beantwortet, abends und heute früh? Hast du alles eindrucksvoll geschildert? Marja kannte seine gezielten Sätze, sie lächelte teilnehmend, er aber wußte, ihre innere Abwesenheit wurde nur überspielt, das konnte sie, die einmal zu ihm gesagt hatte: „Bei der ‚Macht des Schicksals' gibt es Stellen, da muß ich mit dem Lachen kämpfen, umso besser gebe ich mich dann weinend...!" Er klopfte dem Pferd den Hals. Ich habe sogar die Kritiken über den hinreißenden neuen Siegmund zitieren können. Verdient, sehr verdient, hatte der Journalist geschwärmt und Reinhold hatte überzeugt genickt. Natürlich. Damit begann die große Karriere von Hannes Schleifholm, begannen reihenweise die Engagements von Sidney bis Mailand. Siegmund, dann Siegfried, auch Parsifal. Leistung und Lohn, nach den geliebten Stabreimen des Meisters, den es zu interpretieren galt! Wie er sich fühle, hatte der Journalist gefragt, so jung und so hoch oben! Das ist sportliches Training, hatte Hannes gelacht, Vokalisen in der Höhenluft, gelernt ist gelernt!

Und dazu ein Presse-Bild: Der blondlockige, breitschulterige Tenor mit dem trotzig-sensiblen Geschau! Gewußt wie und wo – nämlich das Ankommen bei denen, die nicht mehr nach den Eintrittspreisen fragten, wenn er sang!

Es war so still, daß der Niederfall von Feuchtigkeit zu sirren schien wie ein Spinnfaden. Das Pferd war stehengeblieben auf der Lichtung. Von oben kämpfte die Sonne mit der Nebelschicht. Das Frieren überfiel den Reiter jäh. Und es legte sich kalt und schwer um seine Schultern. Wie ein Tuch. Ein weißes Tuch. Er stand auf der Bühne, vor ihm Brünnhilde, die große Sarah James, sie sang sirenenhaft:

So lang du lebst,
zwäng dich wohl nichts:
doch zwingt dich Toren der Tod:
ihn dir zu künden
kam ich her!

Sie legte ihm ein weißes Tuch um, der Regisseur hatte dazu bei den Proben gesagt, Hannes müßte es fühlen, die Kombination von Schmerzensmann und Gralsgröße, bei Wagner ginge alles zusammen, wohlan, Tenore, trage den Tod!

Der Hengst stand starr, obwohl ihm Hannes bedeutete, loszutraben. Die Stille lastete weiß und als Hannes rufen wollte: „Jason, los, Trab!“ brachte er keinen Ton heraus. Das mochte nur ein paar Minuten gedauert haben, sagte er sich hinterher. Er galoppierte, als er den Wald wieder hinter sich wußte, zurück wie in einem Rausch. Er sang schrille Töne laut in das dünner, lichter werdende Grau. Um ihn nichts sonst. Das Haus, die Treppe lagen verlassen, er wehrte den Eindruck der Ödnis ab. Jason trabte wie von selber zum Stall. Da kam Reinhold angerannt, da öffnete Marja das Haus. „Ich habe geübt,“ sagte sie, „ich dachte mir, so schnell kommst du nicht zurück..." Drinnen bat Hannes um mäßig heiße Milch. Er hustete leicht. „Na," sagten Marja und Reinhold wie im Chor, „was ist das, hüte dich, die Proben beginnen ja bald..."

Den Siegmund sang in Wien in der Wintersaison statt Hannes Schleifholm ein stimmharter berühmter älterer Tenor. Im Sommer durfte Hannes aus der Klinik nach Hause. Er ritt nicht aus. Er saß im Schatten auf der Terrasse, als es warm war in einer weißen Strickjacke. Ein Journalist schrieb: Hat dieser Siegmund ausgesungen? In der Waldlichtung verbrannte die Sonne steilnieder das Gras.

Als der Garten brannte

Wolodja sehe ich nach zehn Jahren wieder. Er wird nicht älter, ich kann ihn mir immernoch in der Uniform der Armee denken, ich habe immernoch ein bißchen Angst, wenn ich mir vorstelle, daß er in Berlin mit seinem guten Deutsch Vermittlungsoffizier war. Er erzählt, als hätten wir uns gestern erst getroffen, er ist welt-offen, eine seiner über seine russische Herkunft weit hinausführenden Eigenschaften.

Wolodja sagt: „Die Babuschka ist tot. Sie lag einfach eines Mittags in der Sonne und der rote Kater, den du so mochtest, er lag bei ihr und hob zu uns hin den Kopf. Es war ganz still, Kyra und ich fanden diese Stunde wunderbar. Babuschka sah aus – zurückverwandelt, jung wieder. Ihr Haar hatte einen blonden Schein…"

„Der Lupus lebt noch," sage ich, nur um was zu sagen, denn meine Gedanken sind in dieser Mittagsstunde.

„Lupus, mein Freund", lächelt Wolodja. Und dann beugt er sich ein wenig zu mir, sieht mir in die Augen: „Sie mochte dich."

„Bin ich froh, daß wir wieder im Hotel sind," hatte Gerd damals gesagt und uns angesehen, als könnte niemand anders denken. „Diese Alte verdarb mir den ganzen Tag, gut daß wir dann zum Baden gingen." Und mich fragte er: „Wie hast du es bloß mit ihr alleine ausgehalten?" Es ging schon, bemerkte ich nebenhin. Wir waren alle müde. Von Wolodjas Datscha sprachen wir später noch, als wir wieder zuhause waren. Einzelheiten wurden umgangen. Wir waren offiziell nach Moskau eingeladen und Wolodja war einer der Betreuer. Es strengten uns die heißen Tage an, die auch nachts wenig abkühlten, der Kopf schmerzte von den langwierigen Treffen mit den zähen Gesprächen, da die Dolmetscher oft monoton, selber erschöpft, lange Passagen übersetzten.

Am vierten Tag empfing uns Wolodja mit geheimnisvollem Lächeln in der Hotelhalle. Er würde mit uns einen Ausflug machen, einmal müßten wir wohl schulfrei haben dürfen, alles sei erlaubt und organisiert, wir müßten nur in die Autos steigen. Schon der Morgen brannte die Stadt gelb, dörrte aus, wir bewunderten Wolodja, der uns die Fahrtstrecke erklärte und immer wieder betonte, nun führen wir in die Weite, die im Zweiten Weltkriege Hinterland gewesen sei, voll Not, aber ohne Blut. Ich merkte das höfliche Interesse der andern, die durchweg nach dem Kriege erst geboren wurden. Ich sah in das flache, grünblaugelbe Land, sah Baumgruppen wie mühsame Widerständler gegen eine Ebene, bei der sich vor meinen Augen das Licht entfärbte, in der alles weiß wurde und ermüdend unendlich.

Ich mußte geschlafen haben, ich hörte langsam zu mir kommend Wolodjas Stimme, Worte, die ich mir zusammenreimte: Seine Datscha würden wir sehen, seine – keine staatliche! Er habe mit seinem verstorbenen Vater alles aufgebaut, er sei fast ein perfekter Zimmermann geworden. Es ginge aber nun nicht ohne Neid ab, er habe Schwierigkeiten mit Handwerkern, das sei sowas wie ein höflicher Boykott, aber – und ich sah, wie Wolodja mit großer Gebärde etwas wegwischte, er lachte: „Wir fühlen uns trotz allem wohl hier, Moskau ist weit und der Garten unser!“

Wir bemühten uns um irgendwelche Zustimmung, Ausrufe – es berührte uns da ja etwas für unsere Verhältnisse kaum Nachvollziehbares.

Der Garten! Wir standen, da der Weg schmal geworden war, enggepreßt zwischen Auto und Holzzaun. Grillen schrien, das Licht spießte in unsere Rücken, vor uns verflocht sich viel Grün, ein Mischwald, durchlässiger werdend, wenn man geduldig mit Blinzeln aufhörte, sich brennenden Auges der Wildnis hingab, die langsam ihre Ordnung sehen ließ, einen Eingang, kleine Trampelpfade davon abzweigend. Eine blonde Frau kam heran, sie breitete die Arme aus. „Kyra“, sagte Wolodja, „meine Frau.“

Kyra konnte kein Deutsch, aber ihr breites, freundliches, dabei doch reserviertes Gesicht sprach, sie zog uns über den Weg zum Holzhaus. Ich folgte den andern, sah aber dabei im Schatten auf einem der kleinen Pfade eine untersetzte Frau, deren starkes Haar weiß war, aber blond schimmerte, deren Augen ganz zusammengekniffen waren, aber man ahnte ihre Wasserhelle. Zu ihren Füßen, die in Filzpantoffeln steckten, trampelte sanft ein dicker roter Mischling, halb Hauskatze, halb Angorakater. Denn mit diesem breiten Schweif konnte das nur ein Kater sein.

Wir wurden an einen runden Tisch im Haus geführt, auf dem soviele Getränke, Brote, Früchte dekoriert waren, daß wir freudig zugriffen. Das schien Kyra zu gefallen. Wolodja erklärte allerlei vom Hausbau, zeigte auf einen halbfertigen Kamin, schilderte einen Handwerker, der kassierte, ohne mit den Arbeiten weiterzukommen. „Ach,“ warf Gerd hin, „das gibt’s bei uns auch!“ Wir lachten, wir genossen das warm, aber nicht bedrängend atmende Holz dieses Hauses. Da stand sie plötzlich da. Wolodja machte eine Geste: Hier, sie sollte sich doch setzen, hier – „Meine Schwiegermutter“, erklärte er. Eine kleine, dicke Frau mit einer grellen Schürze, vorhin hatte ich das nicht bemerkt, wie billig diese Schürze abstach, sah man dieses Gesicht. Es war ein zeitloses Gesicht, alt und doch derb gesund, eine mit feinem Haar überzogene Haut mit wenig Falten, natürlich krauses weißes Haargewirr in die Stirn fallend. Es sah auch hier eher blond aus. Die Augen waren nun groß geöffnet, fast starr. In ihnen lag eine kalte Gräue, schneeig aufleuchtend, da sie einen Gruß andeutete und sich in unsere Mitte setzte. Dabei sagte sie leise etwas zu Kyra, der Tochter neben ihr.

Sicherlich hätte niemand von uns erklären können, weshalb nun dieses Zimmer, dieser Tisch, diese ganze Runde verändert wirkten, grell und still. Denn nun aßen wir schweigend, auch Wolodja sagte nichts mehr. Um meine Waden strich es pelzig. Da beugte sich Wolodja hinunter und sagte leise: „Lupus, geh in den Garten!“ Und ich spürte nichts mehr an den Beinen. Kyra bot an, reichte Schüsseln herum. Ihre Mutter bot nichts an, beobachtete aber, was und wie wir aßen. Als ich von der großen herrlich duftenden kaukasischen Petersilie eine Strang in die Schüssel mit Sauermilch tunkte, ging ein breites Lächeln über das Gesicht der Alten – ich nannte sie widerstrebend so – und sie nickte mir zu. In ihrem Gesicht öffnete sich für einen Augenblick Wärme, davon schoß etwas in ihre Augen.

Wolodja beschrieb die Umgebung dieses Waldfleckens, deutete an, daß sich ein kleiner Fluß durch die Felder schlängelte, so unbedeutend und wieder irgendwo versickernd, daß ihm nur der Volksmund einen Namen gegeben hatte. Es folgte ein für uns unaussprechlich konsonantergesättigter, dennoch wohlklingender Name. Die Alte wiederholte ihn, laut und um sich blickend, als wollte sie damit Besonderes ausdrücken. „Sie liebt dieses Wasser,“

erzählte Wolodja, „es half im Krieg, es war nicht versiegt.“ „Muß ja Ewigkeiten her sein und ist noch wichtig,“ murmelte Christian vor sich hin. Ich hatte den Eindruck, alle waren froh, daß ein Thema aufkam, daß da das Schweigen gebrochen wurde. Wolodja sagte, das Wasser sei klar, nicht tief, man könne dort sich erfrischen, baden. Das sei doch was, wurde durcheinandergerufen, da müsse man hin, das sei gerade recht in dieser Glut!

Die beiden Frauen sahen von einem zum andern, Wolodja übersetzte und sagte, Kyra würde mitkommen. Ich sagte, mich müsse man aus mancherlei Gründen entschuldigen, ich könne ja hierbleiben in dem Garten, ich wolle ein bißchen schlafen. Sie brachen alle sehr schnell auf, es kümmerte sie mein Hierbleiben kaum. Ehe ich noch etwas rufen konnte, waren sie im Garten und auf dem Weg zum Holztor. Kyra räumte schnell noch etwas ab, holte sich ihr Badezeug, nickte mir zu, eilte den andern nach.

Wir saßen plötzlich beide allein am Tisch, die Alte und ich. Der Kater Lupus kam aus dem Garten, hob den Kopf, genoß offenbar, daß es nun hier ganz ruhig geworden war. Die Frau mir gegenüber hob ihr Kefirglas, ich das meine, wir lächelten und tranken. Sie machte mit der Hand eine Gebärde, ich solle sitzenbleiben, sie verschwand im anderen Raum. Das Licht flutete von draußen heran in grellen Schwaden, brannte förmlich das Grün nieder, es wurde heiß. Die Frau kam wieder, machte die Verandatür zu, fuchtelte mit den runden, dicklichen Händen, als wollte sie Flammen verscheuchen. Sie nickte mir zu, ich verstand sie: Hier drinnen war es jetzt gut, man sah hinaus wie in Brände, die Stille und sanfte Kühle, die bunten Früchte auf dem Tisch, sie bildeten eine Geborgenheit, der ich mich, müder werdend, hingab.

Aber da stand die alte Frau vor mir und hielt mir ein Bild hin: Ein junger russischer Soldat, er ähnelte etwas Kyra, er lächelte mich an wie sie. Die Alte ließ mir Zeit, aber als ich hochblickte zu ihr, sagte sie mit einer brüchigen, tiefen Stimme: „Germanskitaktak-bumm!“ Ich wollte ihre Hand greifen, sie trat heftig zurück, sie rief leise etwas fragend. Ich ahnte nur, was sie meinte. Ich wollte ihr klarmachen, daß mein Verlobter, wenig älter als ihr Sohn, im Süden dieses riesigen Landes gefallen war. Ich zeigte auf meinen Ehering, setzte ihn an den linken Ringfinger, sagte „Krieg“, machte „bumm“, legte mich schräg über den Stuhl und flüsterte, aber sie verstand: „Russki.“ Der Kater schlich erhobenen Schwanzes zwischen uns hin und her, ich richtete mich auf. Die alte Frau nahm vom Tisch Brot und Gurken, mit beiden Händen reichte sie mir das. Und ich aß, sie setzte sich neben mich, nahm sich Brot und Gurken, wir aßen schweigend, draußen knisterte der Garten vor Hitze, alles verwischte sich in ein bedrohliches Gelb. Der Kater verschwand unter einem Stuhl.

Ich mußte eingeschlafen gewesen sein. Ich fand mich auf der Liege, die in dem Zimmer an einem Fenster stand.

Von der alten Frau war nichts zu sehen. Ich hatte zum erstenmal in diesen ganzen Tagen das Gefühl, nicht nur offizieller Besuch zu sein, nicht nur Pflichtreden zu hören und erwidern zu müssen. Die Zeiten überwölbten sich in diesem Raum mit dem anbrandenden sonnenbrennenden Garten. Stärke war zu spüren und vernichtendes Licht, Weite ohne Ziel und mein Atem wie nach Fluchtwegen beruhigt, ergeben, zum Einmünden in Vergangenheit und Gegenwart bereit. Ich mußte nochmal eingeschlafen sein. Als ich aufwachte, war der Tisch abgeräumt, es stand eine Sonnenblume in einem schönen tönernen Krug. Die alte

Frau sah ich nicht mehr. Lärmend und erfrischt kamen die andern von ihrem Flüßchen zurück und fanden, ich läge da wie aufgelesen von irgendwo, „hingeklatscht“ sagte Gerd. Ich sagte nur, es sei hier sehr ruhig gewesen, auch kühl, ein Bad in einem anderen Sinne. Wolodja lächelte, er schien mir im Augenblick zwischen all den Schreibern der einzige Poet, obwohl er ja „nur“ Übersetzer war. „Nur“ – hatte ich nicht an diesem Nachmittag gespürt, daß es feine Sprachbrücken gab und mehr noch Brücken des Ahnens, des Andeutens von Gemeinsamem, in dem sich Haß auflöste?

„Weißt du,“ sagt Wolodja, „so ein Eintauchen wieder in die Erde, friedlich – und sie konnte hassen, das glaube mir, sie hatte zuviel in diesem wahnwitzigen Krieg verloren-weißt du, das kann still machen!“

Wir sehen uns an, Geschwisterliches umgibt uns. Ich will alles von der brennenden Mittagsstunde damals erzählen, aber ich lasse es. Ich sage nur: „Du mußt Lupus streicheln für mich...“

Rückflug

Jedesmal, wenn er von seinen Flugstationen Kopenhagen oder Stockholm das Schiff, die Bahn, den Bus bestieg, um den gar nicht langen, aber umständlichen Weg an die Südküste für die Freitage zwischen dem Dienst anzutreten, atmete, lief, dachte, ja sprach er anders. Er nannte das „erdig“ und auch „meine Luftwurzeln!“ Und er meinte, alles sei richtig von ihm geplant und geschafft worden: Pilot mit Zuflucht! Das allerdings sagte Rebecca und ihre braunen Augen glänzten dabei. Sie kamen mit solchen Stichworten aus. Liebe trug sie luftig, ohne große Wortlasten, und die kleine Wohnung in Arild mit Blick zum Meer, ein entsprechendes Nest! Er wußte, was er da besaß und sie auch. Hier mußte man deshalb nicht verheiratet sein. In Schweden lebte es sich frei. Um der Ordnung willen hatte er nun aber, nach zwanzig Jahren, die Staatsbürgerschaft beantragt. Seine Bindungen in der Bundesrepublik Deutschland, wie er mit Augenblinzeln betonte, waren pflichtkühl locker. Sein Vater, der Apotheker in W. am Inn, eine Adresse, wenig mehr. Wie das so gekommen war? Kurze Auskunft für Rebecca: Die Unruhe hatte ich von meiner Mutter geerbt. Als sie starb, zu früh für mich, konnte ich das Pharmaziestudium, mehr Wunsch meines Vaters als meiner, einfach nicht fortführen. Statt Militär Zivildienst aus Überzeugung – und dann ab in die Lüfte, Fliegerschule, gute Noten, Kontakte immer mehr nach Norden, es ergab sich. Ich bin hier oben zuhause. Rebecca war in Arild geboren. Die Eltern eingewandert. Ehepaar Weiß aus dem Nazi-

Deutschland, ausreisend, als alles noch möglich war. Mit Instinkt! Rebecca sprach ein sehr gutes Deutsch, sah aus wie eine Italienerin, bloß schwermütiger, war eine gefragte Übersetzerin und erwarb das Haus, in dem ihre Eltern gelebt hatte mit einem Handel in Woll-Konfektion. Wir wurden wohl zueinandergespült, sagte Rebecca zu Friedrich. Was war noch hinzuzusetzen? Sie hatten beide voreinander den Takt derer, die die Elternzeit möglichst beschwiegen. Da blieben Dunkelstellen von Fragen und Folgerungen. Das Paar summierte ernst-scherzend: Wir sind beide auf unsere Weise Emigranten. In Arild steht die Zeit still, vielmehr sie verrauscht, sie leuchtet, sie erfrischt mit der See, mit der Sonne, dem silberhellen Winter. Im Haus hatten sich noch in ihrer guten Qualität Wollpullover, Westen, Röcke, Hausmäntel von neutraler Nützlichkeit erhalten. Rebecca und Friedrich nutzten sie wie insgeheime Talismänner von Lebensmut, Erfolg, Beständigkeit.

Heute hatte Friedrich am Kiosk im Kopenhagener Bahnhof die dicke Sonntagsausgabe der „Süddeutschen Zeitung“ mitgenommen, eine Art Feierabendgeste, Sprachbrücke, Kindheitspapier im Apothekerhaus, Tür nach draußen. Der Vater brauchte das offenbar nicht. Er sagte öfter, wenn die Mutter die Augen rollte und von Berlin redete, hier in der alten Inn-Stadt im Bergland sei alles gegeben, was man brauchte, vor allem eine gesicherte Existenz. Bei diesem Wort schlug die Mutter die Augen nieder und nickte. Eine ernste, überzeugende Geste und Anerkennung. Friedrich hörte das Lob der Kunden über diesen erfahrenen und beratenden tüchtigen Apotheker, dem der Junggeselle, der der Vorgänger und Besitzer war, alles gern vermacht hatte. Nachkriegsidylle in verschontem Bereich, wunderbar, dankbar weiterzunutzen. Manchmal wurde Friedrich, dachte er an diese Schuljahre und Gehorsamsjahre, der Hals eng und er wollte viel wissen von Rebeccas Vater, seinem Mut, aus Berlin mit der jungen Frau zu fliehen, zwei Juden, die später regelmäßig zum Grab Tucholskys reisten, das war ja nicht weit weg. Freiheit, Tragik, Abstand! Rebecca sagte: Hier setzen wir beide ein Ende. Die Welt kommt nicht aus ihrer Unbelehrbarkeit heraus, aber du fliegst und ich übersetze – wir überwinden Grenzen und mehr. Gut so!

Das alles ging zeitweilig durch den Sinn, wenn Friedrich in wohliger Müdigkeit „nach Hause fuhr“, wie er es nannte. Die Zeitung legte er nach seiner Ankunft bei der Gaderobe ab, er ging sich umziehen, erschien in einem der dünnen und doch wollwarmen Pullover, die wie für alle Größen gearbeitet waren. Rebecca hatte frische Heringe gebraten, Pellkartoffeln dazu aufgetischt. Sie aßen schweigend, genießend. Es war schon eine Art Ritual: Nach der Mahlzeit erstmal Pause, später zusammen wie spielerisch Aufräumen der Küche.

Er hatte ein wenig geschlafen. Als er in die Küche kam, fand er schon alles aufgewaschen, weggestellt, es sah ihn der Raum streng, noch nachmittagshell, kühl an. Friedrich rief nach Rebecca. Sie gab keine Antwort. Er entdeckte sie im Liegestuhl auf dem Balkon, sie sah auf das Meer und ihr rechter Arm hing über der Lehne, die dicke Zeitung lag am Boden, aufgeblättert zurechtgefaltet. Rebecca drehte nicht den Kopf zu ihm hin, sie sagte in die Luft: „Lies das mal!“ Er stellte sich an das Balkongeländer und wollte die aufgeschlagene Zeitungsseite durchsehen – das Bild sprang ihm entgegen: Männlich, weißbärtig, mit eingedickten, lidschweren Augen, dem leise spöttischen Mund. Sein Vater, zweifellos sein Vater. „Ich muß dich fragen,“ begann Rebecca, er aber setzte sich in den schmalen Schatten des überdachten Balkonwinkels, sah nicht auf, las: Siegfried Möller, in Wahrheit Dr. Heinz Merbach, in seiner Funktion beim SS-Hauptamt für medizinische Experimente. Dann folgte, knappgefaßt, ein Bericht, der sich auf einen bereits erfolgten berief. Demnach liefen Ermittlungen gegen diesen Mann, der seit über vierzig Jahren als geachteter und tüchtiger Apotheker und Bürger von W. am Inn lebte, bis ihn vor einigen Monaten eine Jüdin, die erstmals wieder ihre alte Heimat besuchte, auf ihrer Durchreise dort als Kundin wiedererkannte. Sie zeigte das nicht, sie wollte sichergehen, schaltete entsprechende Ämter ein. Erst als sich ergab, daß sie sich nicht geirrt hatte und dieser Mann ehemals ihr in Berlin in seinen Aktivitäten begegnet war und sie als Opfer seiner Versuche durch Zufälle, die auch in solchen Zeiten möglich waren, entkommen konnte, erst als bewiesen werden konnte, was sie aus der Erinnerung beschwor, schaltete sich die Presse ein, wurde der Apotheker Möller gestellt. Er leugnete nicht, hieß es. Und nun würde man zu Konsequenzen schreiten.

„Ich wußte nichts, gar nichts“, sagte Friedrich. Rebecca blieb ihm abgewandt, sie fragte in die Luft: „Wirklich nicht?“ Ihre Stimme klang heller als sonst, scharf und fremd. Sie schien doch nun zu wissen, daß sie da etwas zerschnitten hatte – ihre gemeinsamen Jahre, alles hier auf einmal. Sie drehte sich um und sah Friedrich an. Er richtete sich auf und schüttelte stumm den Kopf. Er stand auf und trat an die Balkonbrüstung, sah aufs Meer, das in abendlich dunkelnde Bewegung geriet. Und da hinaus sprach er: „Ich

schrieb ihm vor einem halben Jahr zu seinem achtzigsten Geburtstag. Aus Höflichkeit. Er lebt ja nicht allein. Da ist so eine Fünfzigerin, lange schon neben ihm tätig, vielleicht hat er schon mit ihr den Übergabevertrag gemacht, das deutete er mal an. Ein alter Mann, was wird nun werden?"
„Das verjährt nicht, kann nicht verjähren", sagte Rebecca und stand auf, ging ins Zimmer. Sie kam nach einer Weile wieder mit dem Tablett und dem Kaffee, als wollte sie die letzte halbe Stunde zwischen ihnen vergessen machen. Friedrich blieb stehen. Er sagte leise, das ändere alles. Da zeigte sich Rebecca so, wie er sie kannte, lebhaft und warmstimmig, sie faßte ihn am Arm, sie drehte ihn zu sich herum, sie sprach schnell: „Was meinst du – hier weiß niemand was, diese Zeitung liest hier niemand, du wirst ja bald Schwede sein, versenk das Gelesene, ich glaube dir ja, das war ja alles vor deinem Leben!" Friedrich trat zurück, er nahm die vertraute Freundin zur Kenntnis wie eine Möglichkeit, die ihn nicht wieder einholen konnte, nicht so schnell, nicht augenblicklich. Er sagte leise: „Das geht nicht. Ich lebe aus seiner Flucht, seiner Lüge. Ich muß angeben, woher ich komme, ich fiel ja nicht aus dem Himmel auf dieses Land hier. Ich kann nichts verbergen." „Rühre nicht daran", rief Rebecca, „hier gibt es keine Sippenhaft, laß alles seinen Gang gehen, dich wird niemand behelligen, wie denn, weshalb und woher denn, dieses Deutschland ist von hier weit weg, das sagten wir doch immer". Es war, als hörte Friedrich nur in sich hinein, er redete leise weiter: „Ich möchte wissen, wie er das damals anstellte, wie das möglich war, ich möchte den SS-Mann fragen, wie er ein Möller wurde, ob er Mutter schon in Berlin kannte, wie sich das alles abspielte." Rebecca schenkte Kaffee ein, sah auf die Tassen, sagte aber

laut: „Mit List und Beziehungen, mit Lebensbesessenheit geht alles, wie wären sonst meine Eltern hierhergekommen. Die Menschenwege scheinen nur gerade, sie sind krumm wie das Leben überhaupt, krumm! Wir haben uns was vormachen wollen. Wer sich aus Wahnsinn retten will – und das damals war so und so Wahnsinn, soviel wissen doch wir aus der Zeit danach – besser wer sich aus dem Dreck ziehen will, wird dreckig. Da hilft gar nichts. Nur, daß dein Vater mit dem bleibenden Dreck unterm Anzug die Nerven hatte, den Saubermann zu spielen…“ Friedrich war ins Zimmer gegangen, rührte den Kaffee nicht an. Er hatte sich eingeschlossen. Rebecca zwang sich zum Warten. Es dauerte eine ganze Weile, dann erschien Friedrich in seiner Pilotendienstkleidung und trug einen Koffer. „Ich werde meine Beziehungen mit List benutzen“, sagte er mit einem schiefen Lächeln, „ich durchfliege die Gegenwart und suche auf, was nicht vergangen ist. Es muß gelingen. Du siehst ja, verborgen bleibt nichts. Der alte Mann ist mir Offenheit schuldig.“ „Damit trittst du neben ihn“, sagte Rebecca, „damit deckst du alles auf und kannst hier nicht mehr landen.“ „Besser als eine Bruchlandung“, fuhr er im Berufsjargon fort, legte nur seine Hand auf Rebeccas Schulter, meinte, er käme sicher wieder, wann und wie, das bliebe offen. Rebecca winkte ihm nicht nach, aber sie sah ihn an, als wollten ihre Augen ausbrennen.

Schon in Hamburg wußte Friedrich, daß ihn nun die Normalität seiner bisherigen Existenz verlassen würde. Er hatte bei seiner Dienststelle in Stockholm einfach um Urlaub aus dringenden Familiengründen gebeten. Bis München flog er noch in der Dienstkleidung, kollegial respektiert. Bei seiner Übernachtung dort sagte er sich, Möller gäbe es so viele, gottlob, er fiele nicht auf, wenn er nun in Zivil weiterreiste mit dem Zug. In W. war er so lange nicht gewesen, daß ihn nun wohl niemand erkennen würde. Er sah in den Spiegel: Er ähnelte der Mutter, hatte ihre unruhigen Augen, seine Gestalt war auch der ihren nachgebildet, schlank, nicht zu groß. Und doch, ich bin sein Sohn, sagte sich Friedrich und hatte innerlich das Vaterbild aus der Zeitung, die er bei Rebecca gelassen hatte, vor sich. W. am Inn besaß nur die eine Apotheke am Markt. Zur Mittagszeit, als Friedrich ankam, war sie geschlossen. Er las an der Eingangstür: Ulrike Weingarten. Die Besitzerin, zweifellos hatte der Vater gehandelt vor dem, was ihn nun ereilte. Es mochte über ein Jahr hin sich entwickelt haben, so schnell ging nichts, nicht nach soviel Jahrzehnten gespielter Normalität. Friedrich betrat ein kleines Café, das um diese Zeit leer war. Ein noch junger Mann bediente, er sprach mit leicht sächsischem Ton. Als er den Marmorkuchen brachte, blieb er am Tisch, fragte, ob Friedrich von hier sei, er hätte ihn noch nicht gesehen, und hier wisse ja jeder um jeden. „Bloß auf der Durchreise,“ sagte Friedrich wie nebenhin und zeigte zur Apotheke – da hätte wohl der Besitzer gewechselt, er war mal vor Jahren hier, da bediente ein älterer Herr. Der Kellner, der zugleich der Caféhausbesitzer war, wie er einflocht, begann leise und schnell zu sprechen, als müßte er was loswerden, als hätte er auf solche Gelegenheit gewartet: „Ach wissen Sie, die haben hier jetzt ihre Sensation und auch wieder nicht. Der Apotheker ist verquickt in alte böse Nazigeschichten, das kam heraus und nun wird er gesucht, aber er ist weg, einfach weg. Die Frau Weingarten da drüben, die weiß auch nichts oder will nichts wissen. Ich frage Sie, was soll das – der Mann ist achtzig, sagt man, er war hier sehr geachtet. Er hat immer geraten und bedächtig seine Pillen angeboten, sagt man, er soll immer erklärt haben, er sei kein Gifte-Heini! Gut, was? Dabei hat er wohl irgendwie mitgemischt bei den chemischen Experimenten damals. Als alles aus war, hat er es fertigbekommen, das ging ja wohl bei diesen gewitzten Brüdern, die bis heute ihre heimlichen Seilschaften haben – jetzt rede ich schon im Jargon unserer gewesenen Herrlichkeit, Sie hören ja, wo ich herkomme – also der nahm den Namen von einem Gefallenen an und machte sich mit seinem richtigen Namen tot! Gut, was? Jedenfalls eine Lösung. Er hat es geschafft, sich da oben irgendwie im Niedersächsischen, wo er aus Berlin hingeflohen war, zu legitimieren, sagt man wohl. Und ob er die Frau, die er dann hier heiratete, schon kannte und hierherdirigiert hatte – kurzum, die war auch aus Berlin und soll immer sehr scheu gewesen sein. Er nicht, er war souverän, sagt man wohl heute dazu. Er hatte seine Haut gerettet und fing neu an – na gut, ich weiß nicht, wer das nicht getan hätte – aber das versuche ich immer zu ergrübeln – war der so kalt oder so verzweifelt, er hat ja sozusagen als Toter gelebt. Und nicht mal schlecht. Und einen Sohn sollen sie gehabt haben, diese Möllers. Der ist schon lange weg. Vielleicht wußte er was. Es heißt, man versucht, ihn ausfindig zu machen wegen Mitwisserschaft. Wenn ich der Sohn wäre, ich ginge zu den Eskimos. Denn wofür wollen die den denn haftbar machen, diesen Nachkriegsmenschen. Naja, das ist schon alles verrückt. Und sagen Sie selbst, wir können herkommen wo immer, geboren sein wann immer, wir kommen alle nicht los von den Verrücktheiten der Zeit, ob man da zurück- oder vorwärtsdenkt. Geht mir ja auch so. Hatte ich mir die

DDR ausgesucht? Nicht jeder wollte oder konnte dagegensein oder sich umbringen. Der Vers paßt auch auf diesen Möller hier aus W. Wissen Sie, was für den am besten wäre? Wenn er jetzt irgendwo sterben würde. Und der Sohn bei den Eskimos – haha, jajaja! So – jetzt aber genug, jetzt geht mein kleines Nachmittagsgeschäft an, lassen Sie sich den Kuchen schmecken!"

Tatsächlich, der Markt belebte sich, die Apotheke öffnete. Friedrich schlenderte an ihr vorbei, er suchte herum, die Polizei hatte ihre Dienststelle in einer Nebenstraße, mit einem fast unauffälligen Schild markiert. Der Beamte mochte ein paar Jahre älter sein als Friedrich. Er respektierte Friedrichs Wunsch nach einem Gespräch in einem Nebenzimmer. Er hörte höflich zu, sah Friedrich immer wieder an, machte sich Notizen. Nach längerer Bedenkpause sagte er seufzend: „Das ist gut und auch nicht. Das fehlte uns hier nun noch – das bringt bei Lage der Dinge nichts, aber es muß natürlich festgehalten werden. Ich bin noch nicht lange hier im Dienst, herversetzt sozusagen für die Altersdienstjahre, aber gemeint und geschissen ist zweierlei, ich sage es hochdeutsch, in Franken, wo ich herkomme, klingt das hübscher. Denkste, sagt der Berliner, wenn Sie das besser verstehen, Sie aus dem Ausland, wo Sie nun natürlich erstmal nicht mehr hinkönnen. Sie müssen sich mit Adresse zur Verfügung halten. Hoffentlich verebbt das alles. Ich halte von diesen Kämpfen und Krämpfen nicht viel – der Mann ist doch eine Art Relikt, wenn er wirklich wieder gefunden wird, pardon Ihr Vater, aber ich denke, Sie wären auch froh, wenn das alles im Sande verliefe. Wir wollen uns ja nicht drücken, die Dame, die das alles anregte, gibt keine Ruhe, verständlich auch das – was meinen Sie, wenn wir schon den Absender aus Washington lesen, brauchen wir einen Enzian! Ist doch alles so lange her und nichts wurde besser, denken Sie an alle heutigen Kriege in aller Welt und denken Sie an die eben vergangene DDR – ich muß ja nicht weiterreden. Und für sowas hat W. keine Erfahrung, niemand von uns Polizisten hier, aber wir müssen das durchstehen. Und was machen wir nun mit Ihnen?"

Der Polizist tippte länger auf der Schreibmaschine. Es wurde ein knappes, fast groteskes Protokoll wie über eine Fundsache, die man im Auge behalten müsse, notgedrungen. Friedrich sollte melden, wo und wie er erreichbar wäre, falls höheren Orts eine Vernehmung angesetzt würde. Friedrich unterschrieb. Er fragte wie nebenbei, ob man von hier aus nicht auch eine Suche nach Spuren, wenn möglich, mit Hubschrauber durchführen würde, das interessierte ihn als Piloten natürlich. Er bekam gutwillig eine entsprechende Anschrift für Rettungseinsätze in den Bergen – denn was wisse man, möglich sei ja alles und vielleicht könnte er, der Sohn, sogar mithelfen. Obwohl, wie gesagt, es am besten wäre... na, er wisse schon...Und bitte nicht falsch zu verstehen, Buße muß sein, aber nach diesen langen Jahrzehnten und hier und heute? Sie gaben sich wie offenbar Verbündete die Hand.

Rebecca bekam bald darauf die Kopie eines maschinenschriftlichen Briefes von Friedrich, Absender München/postlagernd. Er kündigte bei seiner Dienststelle in Stockholm umgehend „aus zwingenden familiären Gründen, die zum sofortigen Bleiben in der Bundesrepublik nötigen"! Alle Unterlagen, Abrechnungen, Regelungen für seine Person an die bevollmächtigte Rebecca Weiß.

Es vollzog sich alles wie nach einer unzerstörbaren Ordnung. In die kleine Münchner Pension, dahin Friedrich umgezogen war, kam ein Päckchen, zollkontrolliert, ohne Beibrief. Einer der weiten, seidig warmen alten Pullover aus Arild! Man nahm nach einer geraumen Zeit den „erfahrenen deutschen Flieger aus Schweden“ auf in die Mannschaft des „Hubschrauberbergungsdienstes“ in den Alpen. Der Mann war allen sympathisch. Er redete nicht viel, er war tüchtig, er war ungebunden und nicht anspruchsvoll. In größeren Abständen fuhr er nach W. am Inn. Auf die launig obenhin gestellte Frage, ob er dort eine Freundin habe, sagte er, da wartete auf ihn eine ganze Meute! Der Kumpel, der öfter mit ihm im stets ruhig erfolgreichen Einsatz war, wagte nach einer Weile zu betonen, Friedrich hätte beim Fliegen manchmal ein richtig abwesend verklärtes Gesicht. Luftlatein, sagte Friedrich dann.

Vom Vater keine Spur. Von Rebecca nach allen Regelungen die Kopie seiner Entlassung aus Stockholm. In Garmisch erwarb Friedrich eine kleine teure Wohnung, die er kaum einrichtete. Er schlief schlecht. Eine Art Berufskrankheit, sagten die Kollegen. Und einer meinte, nachdem sie sich besser kannten, vielmehr schon länger miteinander Dienst taten, denn wer kannte diesen Möller schon, Friedrich sähe manchmal aus wie ein Außerirdischer, so wenig stabil und mit diesen Augen, die immer was zu suchen schienen, „wie aus der Gegenwart gefallen und nirgendwohin“. Ja, lachten die andern, ja, nickte Friedrich, das könnte schon sein! Was sei für einen Flieger denn schon Gegenwart und was Vergangenheit und was Zukunft! „Der Luftraum hat was Erlösendes“, sagte Friedrich und brachte die Kollegen in Verlegenheit. Wie lange noch, meinte der, der mit

Friedrich öfter flog. Friedrich zuckte die Achseln. Vorläufig hält mich diese Schwebe aus, dachte er. Aus W. am Inn kam nichts Neues. Die Gegenwart wird Vergangenheit, dachte der Älterwerdende und nickte doch bei einer der fälligen politischen Debatten unter den Kumpels, die ihn anerkannten, wenn diese sagten: Da kommt bald des neue Jahrtausend und die Welt hat dieselbe Menschenbrut wie je – die morden und waschen sich rein und das geht im Kreis. Wer da nicht mitmacht, muß sich eine neue Erde suchen. „Oder einen Himmel," sagte Friedrich so laut, daß sie auflachten.

Inge Meidinger-Geise

Jahrgang 1923, wohnt seit ihrem 20. Lebensjahr in Erlangen. Hier entfaltete sich das viele Genres umfassende Werk der Germanistin und wurde im In- und Ausland bekannt. Ihr Oeuvre umfaßt neben der Lyrik Essays, Kurzprosa und Romane.

Die Autorin erhielt zahlreiche Auszeichnungen, u. a. 1972 den Erlanger Kulturpreis, 1985 das Bundesverdienstkreuz, 1988 den Wolfram-von-Eschenbach-Preis, 1990 den Graphikum-Literaturpreis und 1999 das Verdienstkreuz 1. Klasse des Verdienstordens der Bundesrepublik Deutschland.

Inge Meidinger-Geise ist Mitglied des P.E.N. und seit 1988 Ehrenvorsitzende der Europäischen Autorenvereinigung „Die KOGGE".